Lehrerausbildung in der Schule

So betreuen Sie Referendare
Wie werden Sie ein guter Mentor?

Frank Haß / Jörg Oettler / Rita Thomale

Ernst Klett Verlag GmbH
Stuttgart · Leipzig

1. Auflage   1 ⁵ ⁴ ³ ² ¹ | 12 11 10 09 08

Autoren: Frank Haß, Kirchberg; Jörg Oettler, Zwickau; Rita Thomale, Kriebstein

Redaktion: Katrina Moschner, Leipzig
Herstellung: Alexander Della Giustina, Leipzig; Jeanette Frieberg

Umschlagkonzeption: Frank Jabin Grafikdesign, Leipzig
Umschlagbild: Gert Mothes, Leipzig
Illustrationen: Harro Schneider, Mühlhausen
Satz: Frank Jabin Grafikdesign, Leipzig
Reproduktion: Meyle + Müller, Medien Management, Pforzheim
Druck: Medienhaus Plump, Rheinbreitbach

Printed in Germany
ISBN 978-3-12-924458-6

Inhalt

Inhaltsverzeichnis Arbeitsblätter auf CD-ROM

Präsentationen zur Fortbildung

Vorwort

Warum wurde dieses Buch geschrieben?

Derzeit werden europaweit an Universitäten und Hochschulen die Lehramtsstudiengänge umstrukturiert. Damit verbunden ist eine quantitative und qualitative Aufwertung Schulpraktischer Studien (SPS) während der Lehrerausbildung. Studierende kommen früher, häufiger und länger zu praktischen Phasen in die Schule. Die Wahrscheinlichkeit, dass auch der Leser im Rahmen dieser Praxisbegegnungen stärker Betreuungs-, Beratungs- und Beurteilungsaufgaben als Mentor übernehmen muss, ist groß. Eine Vorbereitung auf die Tätigkeit als Mentor findet derzeit in der Regel nicht statt. Zumeist sind schulische Mentoren autodidaktisch Lernende. Dies führt nicht selten zu Stress und Berufsunzufriedenheit beim betreuenden Lehrer. Der angehende Lehrer hingegen hat häufig das Gefühl, aus den Praxisphasen seiner Ausbildung nicht den optimalen Nutzen für die eigene berufswissenschaftliche Bildung ziehen zu können. Im negativsten Fall verkommen die praktischen Ausbildungsabschnitte zu „Schultourismus" oder einfacher „Meisterlehre". Beide Seiten sind mit dem Ergebnis eines an und für sich sinnvollen Ausbildungsabschnittes auf dem Weg zum erfolgreichen Lehrer unzufrieden. Gleichzeitig kann das vorhandene Innovationspotenzial der Lehramtsstudierenden von den Mentoren und den Ausbildungsschulen häufig nicht oder nur sporadisch genutzt werden. Für die Zeit des Referendariats sieht die Situation oft nicht besser aus.

Das vorliegende Buch greift diese Probleme auf und will für Mentoren Hilfe bei dieser verantwortungsvollen Tätigkeit sein. Es ist Ergebnis einer zweijährigen Arbeit in der Fortbildung von Mentoren und vereint somit die schulpraktische Sicht mit der universitären. Durch enge Kooperation mit erfahrenen Lehrern wurde eine Ausgewogenheit von theoretischer Reflexion und praktischen Arbeitshinweisen (Checklisten, Gesprächsleitfäden, Beurteilungsraster, etc.) erreicht. So kann dieses Buch zugleich alltägliche Handlungsgrundlage als auch Anregung zur beruflichen Weiterentwicklung sein.

Für wen wurde dieses Buch geschrieben?

In erster Linie ist das vorliegende Buch für Lehrer gedacht, die bereits als Mentor in irgendeiner Phase der Lehrerbildung Studierende oder Referendare betreuen. Weiterhin wendet sich das Buch an alle zukünftigen bzw. potentiellen Mentoren, also prinzipiell an alle Lehrer. Aber auch Schulleiter ebenso wie Mitarbeiter der Schulaufsicht sollten mit allen Fragen rund um die Lehrerausbildung in der Schule vertraut sein. Nicht zuletzt kann das vorliegende Buch auch Praktikanten sowie Referendaren als Grundlage der gemeinsamen Arbeit mit dem Mentor dienen. So entsteht Klarheit und Transparenz im Umgang miteinander und in den Leistungserwartungen.

Wie ist dieses Buch aufgebaut?

Es ist ein handhabbares und praktisches Instrument für alle Aspekte der Mentorentätigkeit. Dies bedeutet, dass zunächst das vom Praktikanten oder Referendar allgemein zu erwartende Theoriewissen überblicksartig dargestellt ist. Am Ende eines
Kapitels finden sich zum vertieften Einarbeiten Hinweise auf wichtige weiterführende Literatur. Diese Theoriebestände stellen die Basis der gemeinsamen Theorie-
Praxis-Reflexion von Mentor und Mentee dar. Deshalb folgt immer sofort der Praxis-
bezug mit konkreten Hinweisen, Leitfäden, Checklisten und Beurteilungsrastern.
Dabei muss das Buch keineswegs von Anfang bis Ende durchgearbeitet werden. Ein
klarer Aufbau und ein leicht fassliches Verweissystem erleichtern die Orientierung
und das schnelle Auffinden der jeweils interessierenden Aspekte. Am Anfang des
Buches findet sich eine grafische Übersicht der einzelnen Kapitel. Am Anfang eines
jeden Kapitels wiederum gibt es einen Überblick über die im Kapitel behandelten
Teilaspekte. So entfällt langes suchendes Lesen, es kann sofort und direkt bei den
jeweils relevanten Textstellen angesetzt werden.
Auf der dem Buch beiliegenden CD-ROM finden sich alle Leitfäden, Checklisten
und Beurteilungsraster in einer bearbeitbaren Form. So kann man alles schnell und
unproblematisch auf die konkrete Situation und auf die individuellen Bedürfnisse
zuschneiden.
Für die Thematisierung des einen oder anderen Teilaspekts der Lehrerausbildung
in der schulinternen oder regionalen Fortbildung finden sich bereits vorgefertigte
Power Point Präsentationen ebenfalls auf der Begleit-CD zum Buch.

In diesem Buch werden die Begriffe „Mentorinnen und Mentoren", „Lehrerinnen
und Lehrer" etc. durch „Mentoren, Lehrer" etc. ersetzt, um den Lesefluss zu erleichtern. Wir fassen damit die weiblichen und männlichen Formen gleichrangig zusammen.

Leipzig im Mai 2008

1 Der Mentor im Lehramtsstudium

Im Zuge der derzeitigen europaweiten Umstrukturierung der Lehramtsstudiengänge findet eine quantitative und qualitative Aufwertung schulpraktischer Ausbildung in der Lehrerbildung statt. Aus diesem Grund werden Lehrer zunehmend Betreuungs-, Beratungs- und Beurteilungsaufgaben als Mentoren im Rahmen dieser Praxisbegegnung übernehmen müssen. Eine Vorbereitung und Begleitung dieser Mentorentätigkeit findet derzeit nicht statt. Zumeist sind schulische Mentoren autodidaktisch Lernende.

Deshalb sollen zunächst die Veränderungen im Lehramtsstudium und die daraus resultierende Rolle der schulischen Betreuungslehrer (Mentoren) beschrieben werden.

1.1 Der Bologna-Prozess

Die rege Debatte über die künftige Struktur der universitären Ausbildung zeigt ihre Auswirkungen in der universitären Lehrerbildung. Eine Vielzahl von Bundesländern (Berlin, Brandenburg, Bremen, Hamburg, Mecklenburg-Vorpommern, Niedersachsen, Nordrhein-Westfalen, Rheinland-Pfalz, Schleswig-Holstein, Thüringen und Baden-Württemberg sowie Sachsen) hat sich bisher für die Einführung gestufter Lehramtsstudiengänge ausgesprochen. In den genannten Ländern werden seit längerer Zeit (bzw. ab Wintersemester 2006/07) Bachelor- und Masterstudiengänge für zukünftige Lehrer angeboten. Deutschlandweit betraf dies im Jahr 2006 circa 420 Lehramtsbachelorstudiengänge. Die gewählten Modelle unterscheiden sich aber in ihrer Ausgestaltung sehr stark voneinander (vgl. HRK 2006: 11).

Die folgenden Abschnitte möchten einen Überblick über die Hintergründe der europäischen Bildungspolitik geben und dabei wichtige Etappen benennen. Anschließend wird der Weg bis zum „Ziel 2010" näher beschrieben und wesentliche Begriffe der konsekutiven Studiengänge erläutert. Den Abschluss bildet eine Beschreibung erweiterter Schulpraktischer Studien (SPS) als immanentes Merkmal der neuen Lehramtsbachelor- und Masterstudiengänge.

1.2 Die europäische Bildungspolitik und Reformen im deutschen Hochschulwesen

Der Ursprung europäischer Bildungspolitik führt weit in die Geschichte der europäischen Einigung zurück. Die „Römischen Verträge" als eine wesentliche Grundlage des europäischen Integrationsprozesses betonen die gegenseitige Anerkennung von Berufs- und Studienabschlüssen sowie die freie Wahl des Wohn- und Arbeitsortes als entscheidende Träger des wirtschaftlichen Wachstums. Im Verlauf der Europäisierung entstanden in den darauf folgenden Jahrzehnten diverse europäische Bildungsinitiativen. Aber erst mit dem „Maastrichter Vertrag von 1992" wurden der EU Teilzuständigkeiten in der Bildungspolitik eingeräumt, um eine verstärkte Freizügigkeit und Mobilität sowie Flexibilität der Bürger zu fördern. Das so genannte Subsidiaritätsprinzip sieht jedoch vor, dass Entscheidungen nur dann auf europäischer Ebene zu treffen sind, wenn die nationalen Regierungen nicht allein zu adäquaten Entscheidungen kommen. Dies gilt auch für den Bereich der Bildung. Bildungspolitik wurde somit kaum zum originären europäischen Thema (vgl. Schnitzer 2005: 3).

Auf nationaler Ebene fordern Vertreter der Wirtschaft auch weiterhin eine verstärkte Internationalisierung und den zunehmenden weltweiten Austausch von Wissen und auch von Humankapital.

Weitere internationale Quellen des Bologna-Prozesses waren und sind die europäischen Austauschprogramme für Studierende (ERASMUS und SOKRATES). Diese tragen seit den 1980er-Jahren zu Kooperationsbeziehungen zwischen Studenten und einzelnen Hochschulen bei. Die Anerkennung der im Ausland erbrachten Studienleistungen war dabei abhängig von bilateralen Kooperationen einzelner Hochschulen und der gegenseitigen Anerkennungspraxis von Studien- und Prüfungsleistungen. Dies führte nicht selten zu einer indirekten Studienzeitverlängerung (vgl. Wissenschaftsrat 2000: 16).

Parallel dazu verstärken originäre deutsche Probleme das Streben nach Reformen im Hochschulwesen. In den nächsten Jahren wird die Zahl der Studierenden weiter steigen. Zum einen erwerben immer mehr Jugendliche die Hochschulzugangsberechtigung, zum anderen erhöhen sich die Studierendenzahlen aufgrund der geburtenstärkeren Jahrgänge der späten 1980er. Dieser Trend wird sich auch durch die geburtenschwachen Jahrgänge Anfang der 1990er-Jahre in Ostdeutschland kaum abschwächen (vgl. Bellenberg / Böttcher / Klemm 2001: 106 ff; vgl. Klemm 2001).

Ein weiteres Problem stellen die langen Ausbildungszeiten an Hochschulen in Deutschland dar. Deutsche Absolventen zählen zu den ältesten im internationalen Vergleich. Die Gründe dafür liegen unter anderem in den bisher wenig strukturierten Studiengängen der Hochschulen und den daraus resultierenden langen Studienzeiten.

Eng damit verbunden ist die hohe Studienabbrecherquote in Deutschland. Diese lag zu Beginn der 90er-Jahre bei circa 25 % der Studienanfänger eines Jahrganges (vgl. Wissenschaftsrat 2000: 4 ff.).

Somit ergibt sich die Notwendigkeit von Reformen des Hochschulwesens, sowohl aus nationaler und internationaler Perspektive.

1.3 Der Bologna-Prozess als der Weg zum „Ziel 2010"

Das „Ziel 2010" symbolisiert den Zeitpunkt der Erreichung von abgestimmten und gegenseitig anerkannten Studien- und Ausbildungssystemen in Europa. Als Bologna-Prozess werden die Schritte auf dem Weg dorthin bezeichnet.

Das Lissabon-Abkommen und der SOKRATES-Hochschulvertrag von 1997 sind rechtliche Grundlagen und Ausgangspunkt für den Bologna-Prozess.

Im Lissabon-Abkommen des Europarates und des Ministerrates der Europäischen Union werden die formalen Qualifikationen im Hochschulbereich (Reifezeugnisse, Studienzeit, Akademische Grade, Studiengänge) gegenseitig anerkannt.

Mit dem SOKRATES-Hochschulvertrag stellte die Europäische Kommission die europäischen Hochschulaustauschprogramme auf eine institutionalisierte Programmstruktur. Damit wurde eine Aktionsstrategie begründet, die allen Hochschulinstitutionen offen steht und die Mobilität von Studenten und Personal fördert (vgl. Schnitzer 2005: 4; HRK 2005: 254 ff.).

Das nächste Grundlagenabkommen als Vorläufer der Bologna-Erklärung war die „Sorbonne Joint Declaration", ein Abkommen zur Schaffung eines harmonisierten Hochschulraumes in Europa. In diesem Hochschulraum sollten gestufte Studienabschlüsse dazu beitragen, eine gegenseitige Anerkennung und Mobilität der Studenten zu fördern (vgl. HRK 2005: 281 ff.; Wissenschaftsrat 2000: 16).

Eine Novelle des Hochschulrahmengesetzes von 1998 ermöglichte in Deutschland die Einführung neuer Abschlüsse (Bachelor und Master) und das Anstoßen einer Strukturreform der deutschen Hochschulen (vgl. Witte 2006: 22).

Im Juni 1999 kam es durch die Bologna-Erklärung zur Schaffung eines gemeinsamen europäischen Hochschulraumes. Der programmatische Charakter des Abkommens kommt in folgenden sieben Zielen zum Ausdruck:

1. **verständliche und vergleichbare Studienabschlüsse**
2. **die Einführung eines Diploma Supplement (siehe S. 16)**
3. **gestufte und zyklische Studienstrukturen mit Bachelor-/Master-Abschlüssen**
4. **ein einheitliches Leistungspunktsystem**
5. **die Förderung der Mobilität von Studierenden, Wissenschaftlern, Lehrern und Verwaltungspersonal**
6. **europäische Zusammenarbeit bei der Qualitätssicherung**
7. **Förderung eines europäischen Hochschulraumes.**

Die Umsetzung dieser Ziele ist von einer grundlegenden Umstrukturierung der Studiensysteme abhängig. Um die Fortschritte dieses Prozesses zu begutachten und die getroffenen Maßnahmen zu bewerten, verpflichteten sich die Bologna-Unterzeichner, kontinuierliche Treffen durchzuführen.

Der Bologna-Prozess auf einen Blick

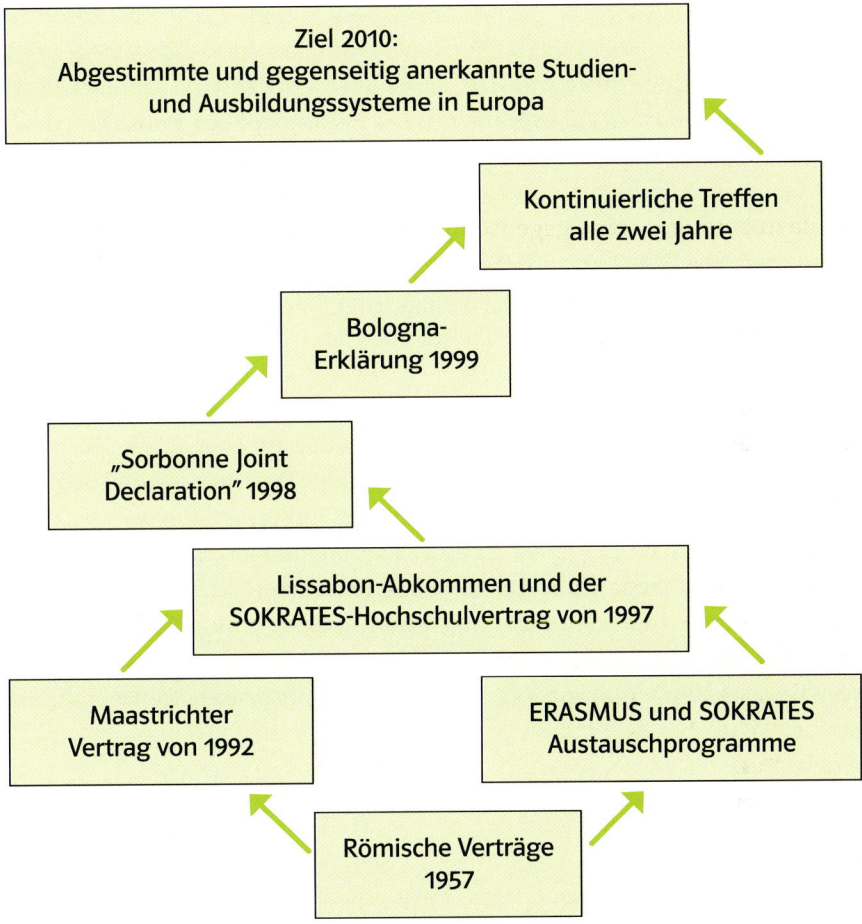

Abbildung 1: Der Bologna-Prozess

Im Verlaufe der Entwicklung sind in den Zielkatalog weitere Aspekte aufgenommen worden. Dazu gehört die Absicht, die gestufte Struktur auf die Phase der Doktorandenausbildung auszudehnen sowie die Hochschulbildung um eine soziale Dimension zu erweitern.

Zusätzlich wurden weitere politische Entscheidungsträger und andere Dachorganisationen (Europarat, UNESCO, Europäische Rektorenkonferenz u. a.) am Harmonisierungsprozess beteiligt und so zu Mitgestaltern einer umfassenden Entwicklung gemacht (vgl. Schnitzer 2005: 5 f.; vgl. Wissenschaftsrat 2000: 17; vgl. HRK 2005: 285 ff.; vgl. Hendriks / Müller-Solger 2003: 7 f.).

1.4 Konsequenzen für das deutsche Hochschulwesen

Gestufte Studienstruktur

In der Umsetzung des Bologna-Prozesses wird derzeit in Deutschland eine zweistufige Studienstruktur etabliert. Dies beinhaltet ein Bachelor- und Masterstudium.

Das Bachelor- oder Bakkalaureus-Studium ist ein eigenständiges Studium, das zu einem berufsqualifizierenden Abschluss führt. Die Dauer liegt je nach erarbeitetem Konzept zwischen 6 und 8 Semestern. Dabei stellt der Bachelor-Abschluss den niedrigsten akademischen Grad einer wissenschaftlichen Ausbildung dar. Das Bachelor-Studium soll eine breite, auch fachübergreifende Ausbildung sichern und Schlüsselqualifikationen wie Teamfähigkeit, Kommunikationsfähigkeit oder Präsentationsfähigkeit neben den fachwissenschaftlichen Qualifikationen vermitteln. Der Absolvent sollte mit diesem Abschluss berufsfähig werden, das heißt, der Bachelor wird den Regelabschluss der Zukunft darstellen. Dies wiederum führt zu einer Verkürzung der bisher sehr langen Studienzeiten deutscher Absolventen (vgl. Kultusministerkonferenz 2005: 3 f.; vgl. Wissenschaftsrat 2000: 21 ff.).

Nach erfolgreichem Abschluss des Bachelorstudiums hat der Student die Möglichkeit, in einem Masterstudiengang einen zweiten akademischen Grad zu erwerben. Die Dauer dieser Studiengänge erstreckt sich je nach Konzept auf 2 bis 4 Semester. Das Masterstudium soll den Studenten einen vertieften Einblick in eine wissenschaftliche Disziplin geben sowie diverse Spezialisierungen oder Qualifikationsprofile bieten.

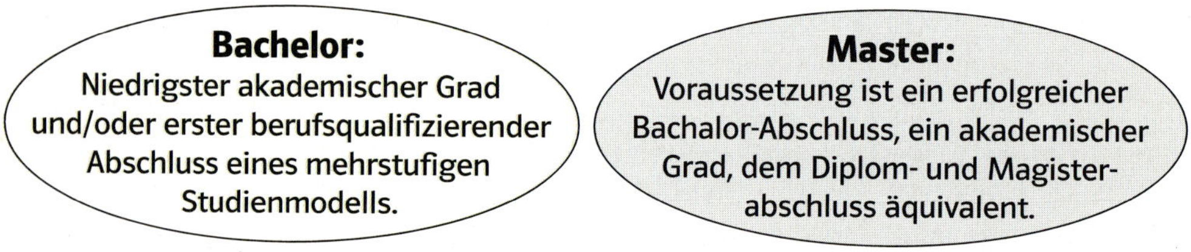

Bachelor:
Niedrigster akademischer Grad und/oder erster berufsqualifizierender Abschluss eines mehrstufigen Studienmodells.

Master:
Voraussetzung ist ein erfolgreicher Bachalor-Abschluss, ein akademischer Grad, dem Diplom- und Magisterabschluss äquivalent.

Abbildung 2: Bachelor und Master

Für das Masterstudium gibt es verschiedene Konzepte. Das **konsekutive Masterstudium** baut inhaltlich und strukturell auf einem Bachelor auf und vermittelt vertieftes Fachwissen. Ein **nicht konsekutives Masterstudium** baut nicht auf dem vorhergegangenen Bachelorabschluss auf, sondern setzt eigenständige, spezifische Qualifikationsziele. Eine weitere Form ist der **Weiterbildungsmaster**. Dieser setzt einen erfolgreichen Hochschulabschluss sowie praktische Berufstätigkeit von mindestens einem Jahr voraus. Er soll Fähigkeiten und Fertigkeiten für die anschließende Berufstätigkeit vermitteln.

Insgesamt ist für beide Phasen eine Studiendauer von fünf Jahren nicht zu überschreiten (vgl. KMK 2005: 6 f.; vgl. KMK 2003: 2). (vgl. Abbildung: 2)

Module, ECTS und Diploma Supplement

Durch die Einführung gestufter Studiengänge ist eine völlige neue Studienstruktur nötig, die mit der bisherigen losen Zusammenstellung von Studienveranstaltungen nicht mehr zu vergleichen ist.

Das Studium ist modularisiert aufgebaut. Ein Modul ist ein zusammenhängender Block von einzelnen Lehrveranstaltungen, die inhaltlich, zeitlich und organisatorisch untereinander abgestimmt sind. Es können innerhalb des Moduls verschiedene Veranstaltungsarten durchgeführt werden (z. B. eine Vorlesung, ein Seminar und eine Übung). Im Mittelpunkt eines jeden Moduls muss das Qualifikationsprofil des späteren Absolventen stehen. Aus diesem angestrebten Kompetenzprofil müssen die einzelnen Veranstaltungen abgeleitet und zu Modulen zusammengestellt werden. Jedes Modul schließt grundsätzlich mit einer abschlussrelevanten Prüfungsleistung ab (z. B.: Referat, Klausur, Beleg, Portfolio, etc.) (vgl. Kultusministerkonferenz 2004: 2).

ECTS-Punkte (European Credit Transfer System) sind ein quantitativer Ausdruck für die Arbeitsbelastung des Studenten. Dabei werden die unmittelbare Anwesenheit bei Lehrveranstaltungen (Präsenzzeit) und die Vor- oder Nachbereitung (Selbststudium) sowie die Zeit für die Prüfungsleistungen erfasst. Durch das Kreditpunktesystem werden die zeitlichen Belastungen des Einzelnen sichtbar und auch planbar. Die Studierenden kennen den Arbeitsaufwand, den sie im Durchschnitt leisten müssen, um einzelne Module erfolgreich zu absolvieren. Die erworbenen Leistungspunkte stellen keine förmliche Note dar, werden aber dennoch im Abschlusszeugnis ausgewiesen.

Die Leistungsbeurteilung erfolgt in Form der in Deutschland üblichen Ziffernbenotung, die durch eine weitere Bewertung (A bis E) relativiert wird:

A = die besten 10 % der Studierenden eines Jahrganges einer Hochschule
B = die nächsten 10 % der Studierenden eines Jahrganges einer Hochschule
C = die nächsten 30 % der Studierenden eines Jahrganges einer Hochschule
D = die nächsten 25 % der Studierenden eines Jahrganges einer Hochschule
E = die nächsten 10 % der Studierenden eines Jahrganges einer Hochschule
(vgl. Kultusministerkonferenz 2004: 3 ff.).

Der Grund für die doppelte Bewertung liegt in den unterschiedlichen Beurteilungskulturen in Europa (vgl. HRK 2005:131; vgl. Gehmlich 2003: 28 f).

Zusammen mit dem BA- oder MA-Abschlusszeugnis erhalten alle Absolventen ein Diploma Supplement (DS). Es enthält detailliertere Beschreibungen erworbener Qualifikationen (vgl. HRK 2005: 154 ff.; vgl. HRK 2005a).

Qualitätssicherung und Evaluation in den neuen Studiengängen

Eine Qualitätssicherung und Evaluierung der Studiengänge wird durch ein zweistufiges Akkreditierungssystem ermöglicht. Die Bewertung und Akkreditierung von Studiengängen führen der Akkreditierungsrat und verschiedene Akkreditierungsagenturen durch. Auf der oberen Ebene befindet sich der Akkreditierungsrat, der verbindliche Mindeststandards für Studiengänge und Akkreditierungsagenturen festlegt (vgl. KMK 2002: 4 ff.; vgl. Witte 2006: 25 f.).
Das eigentliche Begutachten inhaltlicher und fachlicher Fragen liegt in der Hand von Akkreditierungsagenturen. Die Studiengänge werden nach dem fachlichen Konsens einer Fachrichtung sowie nach den erforderlichen Qualifikationen des Berufsfeldes der Studiengänge beurteilt. Zum einen dient die Begutachtung der Studiengänge der genauen und verlässlichen Beschreibung in einem immer breiter werdenden Studienangebot. Dadurch können sich angehende Studierende nach einheitlichen Standards umfassend informieren. Zum anderen stellt eine Bewertung der Studiengänge einen Qualitätssprung im internationalen Wettbewerb dar. Es wird daraus ersichtlich, ob der Studiengang internationalen Anforderungen entspricht (vgl. HRK 2005: 174).

Folgende Kriterien der Bewertung werden zur Akkreditierung neuer Studiengänge zu Grunde gelegt:
– qualitative und internationale Ausrichtung des Studiencurriculums,
– Bewertung der Berufsbefähigung der Absolventen anhand des Studienkonzeptes,
– Begutachtung der personellen Ausstattung des Studienganges oder der Hochschule,
– sächlich, räumliche Ausstattung der Hochschule,
– bei Masterstudiengängen Zulassungs- und Übertrittsberechtigungen,
– Übergangsmöglichkeiten zu andern Studiengängen (vgl. HRK 2005: 174 f.).

Neben der Akkreditierung benötigen neue Studiengänge die Genehmigung durch das jeweilige Bundesland. Dabei wird überprüft, ob der Studiengang in die Rahmenplanung des Landes integriert werden kann (vgl. KMK 2002: 6 f., 12).

1.5 Die gestufte Studienstruktur in den Lehramtsstudiengängen

In Deutschland herrscht große Übereinstimmung in dem Bestreben, auch die Lehrerbildungsstrukturen an die konsekutiven Studienabläufe anzupassen. Aus diesem Grund befindet sich momentan die gesamte Lehrerbildung in einer Reformphase, in der völlig neue Konzepte für die Ausbildung erprobt und eingeführt werden.

Die Kultusministerkonferenz wie auch die Hochschulrektorenkonferenz (vgl. 2006a: 9 ff.) schlagen ein Studium vor, das in der Regel als konsekutives Bachelor- und Masterstudium aufgebaut ist. Es müssen mindestens Bildungswissenschaften sowie zwei unterrichtsrelevante Fachwissenschaften und deren Fachdidaktik studiert werden. An der Universität Leipzig wurden erstmals alle studierbaren Lehramtsstudiengänge mit Bachelor- und Masterabschluss akkreditiert. Deshalb wird das Leipziger Modell des Lehramtsstudiums im Folgenden exemplarisch skizziert (vgl. Abbildung 3).

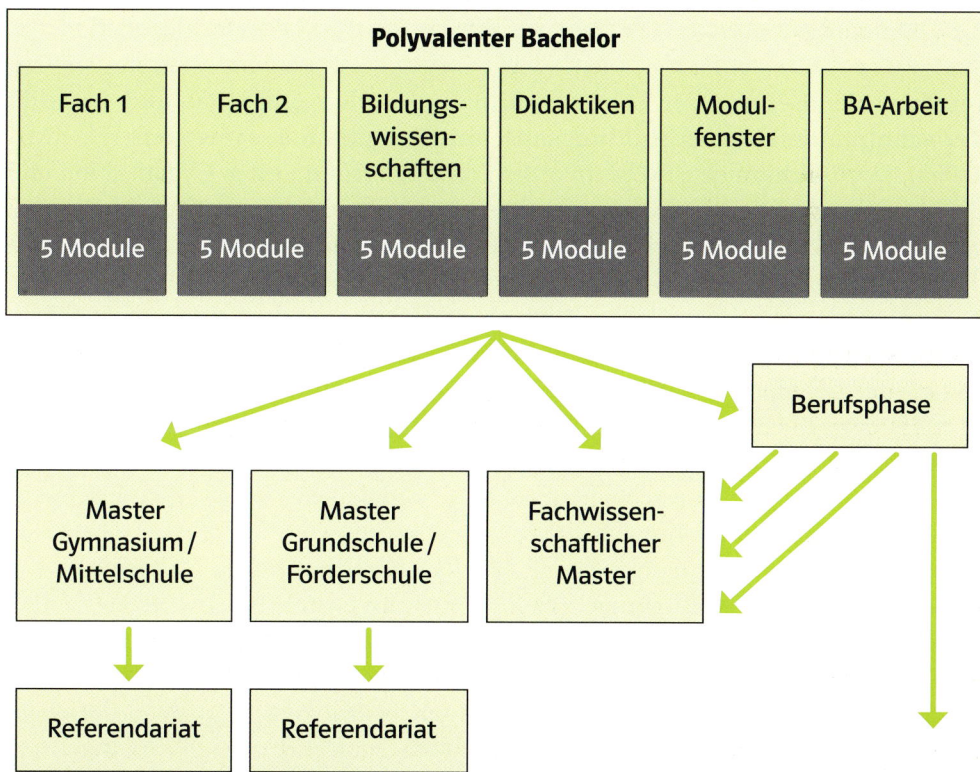

Abbildung 3: Leipziger Modell der Lehramtsausbildung-Übersicht

Die Studierenden erwerben einen polyvalenten Bachelorabschluss, der schulartunspezifisch, aber fächergebunden ist. Dieser Abschluss wird in der Regel nach drei Jahren erworben. Es sind insgesamt 180 ECTS zu erbringen. Der Bachelorabschluss berechtigt zum Übertritt in die schulformspezifische Masterphase. Diese vertieft die Ausbildungsbereiche schulartbezogen. Das Masterstudium endet mit einem Abschluss, der 120 ECTS entspricht und für eine Schulform sowie zwei unterrichtsrelevante Fächer spezifisch ist. Der Abschluss berechtigt zum Übertritt in den Vorbereitungsdienst.

Zusammenfassend kann festgestellt werden, dass der Leipziger Absolvent in fünf Jahren einen Lehramtsbachelor und einen Lehramtsmaster erwirbt, der ihn befähigt, in die zweite Lehrerbildungsphase überzutreten. An der Universität Leipzig können Abschlüsse für die Lehrämter Gymnasium, Mittelschule, Grundschule und Förderschule erworben werden (vgl. Prorektorat für Lehre und Forschung 2005: 5 ff.).

1.6 Die schulpraktischen Anteile in den Lehramtsstudiengängen

Im Zuge der Reform der Lehrerausbildung werden Quantität und Qualität der schulpraktischen Ausbildungsabschnitte deutlich ausgeweitet (vgl. KMK 2005a). Jede Hochschule ist verantwortlich für die Ausgestaltung, Organisation und Durchführung der Schulpraktischen Studien. Deshalb existiert derzeit ein breites und unübersichtliches Spektrum von Begrifflichkeiten zu schulpraktischen Phasen in den einzelnen Bundesländern und an den verschiedenen Universitäten (vgl. Topsch 2004: 12 f.; vgl. Glumpler / Wildt: 1999). Dennoch sind ähnliche oder vergleichbare Strukturen zu erkennen Diese lassen sich unterschiedlich darstellen (vgl. Abbildung 4). Die mit den Schulpraktika befassten Personen (z. B. Mentoren) müssen sich in jedem Einzelfall neu über Art und Zielstellungen der speziellen Schulpraktischen Studien informieren.

Ein Kriterium ist die Unterscheidung nach fachdidaktischen oder bildungswissenschaftlichen Zielsetzungen.

Glumpler / Wildt (1999) unterscheiden Praktika nach **inhaltlichen Kriterien**.

Die erste Form sind **Einführungs- oder Orientierungspraktika.** In diesen Praktika setzen sich die Lehramtsstudenten erstmals nach ihrer eigenen Schulzeit wieder mit der Institution Schule und dem Berufsfeld des Lehrers auseinander, sie beobachten und reflektieren Unterricht. Diese Praktika liegen meist in den ersten Semestern oder sie werden noch vor dem Studium absolviert.

Die zweite Form von Praktika sind **allgemeine Schulpraktika,** in denen erste Erfahrungen mit der eigenverantwortlichen Planung und Durchführung von Unterricht gemacht werden. In der Regel werden diese Praktika durch die Bildungswissenschaften vorbereitet und begleitet sowie ausgewertet. Orientierungspraktika und allgemeine Schulpraktika lassen sich schwer unterscheiden, es kommt zu vielfältigen Überschneidungen oder Vermischungen.

Die dritte Form sind **Fachpraktika.** Hier geht es um Beobachtung und Analyse sowie eigenständige Planung und Durchführung von Unterricht in den studierten Unterrichtsfächern und angestrebten Schularten. Diese Praktikumsform liegt in der Regel in der Verantwortung der jeweiligen Fachdidaktiken.

Ein weiteres Kriterium ist die **Organisationsform der Praktika.** Zum einen sind dies Blockpraktika (einschließlich Praxissemester), zum anderen semesterbegleitende Praktika.

Die Dauer und der Zeitpunkt der **Blockpraktika** sind je nach Bundesland und Hochschule verschieden, liegen aber meist zwischen drei und sechs Wochen während der vorlesungsfreien Zeit. Einen Sonderfall stellen verschiedene Arten von Praxissemestern einzelner Bundesländer oder Hochschulen dar. Bei **semesterbegleitenden Praktika** sind die Studenten wöchentlich an einem oder mehreren Tagen stundenweise an den Schulen anwesend.

Weitere Formen von Praktika, die für den Lehramtsstudenten eine Erweiterung seiner persönlichen Kompetenzen ermöglichen, sind **sozialpädagogische, sonderpädagogische und Auslandspraktika.** Sonderpädagogische Praktika sind hauptsächlich für Studierende in Förderschullehramtsstudiengängen obligatorisch. Dabei besuchen die Studenten alle Arten von Förderschulen, um Unterricht aus der Perspektive des vorhandenen Förderbedarfes zu beobachten, zu reflektieren und zu gestalten. Auslandspraktika sind meist verpflichtend für Lehramtsstudenten mit einer fremdsprachlichen Fachrichtung. Sie sollen Sprachkenntnisse vertiefen und festigen.

ZIELEBENE

Fachdidaktische Ebene	Bildungswissenschaftliche Ziele

INHALTSEBENE (Auswahl)

Reflektieren zu Schul- und Unterrichtswirklichkeit

Erproben von eigenen Handlungen	Erkunden des Berufsfeldes

Analysieren von außerschulischen Lernfeldern

Treffen von Berufsentscheidungen

ORGANISATIONSEBENE

Blockpraktika	Semesterbegleitende Praktika

INHALTSEBENE (Auswahl)	
Sozialpädagogische Praktika	Orientierungspraktika
Fachdidaktische Praktika	Allgemeine Schulpraktika
Sonderpädagogische Praktika	Vereinspraktika
Auslandspraktika	Schulpraktische Studien I, II …

Abbildung 4: Versuch eines Struktur- und Übersichtsmodells Schulpraktischer Studien

Praktikumsformen an der Universität Leipzig

Als Beispiel sollen wiederum die veränderten Strukturen der Schulpraktischen Studien (SPS) an der Universität Leipzig dargestellt werden. Insgesamt werden die Lehramtsstudenten in den neuen Studiengängen fünf schulpraktische Studien absolvieren. Bisher (Staatsexamensabschluss) waren zwei praktische Phasen mit einer Dauer von insgesamt sieben Unterrichtswochen verpflichtend. In den neuen Strukturen erhöht sich der Umfang auf zwölf Wochen Blockpraktika. Zusätzlich finden zwei semesterbegleitende Praxisbegegnungen statt (SPS II / III).

Die SPS I sind nach ihren Zielsetzungen eine Mischform zwischen Orientierungspraktikum und allgemeinem Schulpraktikum. Die SPS I stehen in der Verantwortung der Bildungswissenschaften. Für die Schulpraktischen Studien II bis V sind die jeweiligen Fachdidaktiken verantwortlich. Dabei wird jeweils ein Schul- und Studienfach besonders betont (vgl. Abbildung 5). Alle Schulpraktischen Studien sind in die Module der jeweiligen Fachbereiche integriert.

Bezeichnung	Struktur	Dauer	Verantwortlichkeit
SPS I	Block	4 Wochen im BA	Bildungs-wissenschaft
SPS II	semester-begleitend	1 Semester wöchentlich im BA	Fachdidaktik
SPS III	semester-begleitend	1 Semester wöchentlich im BA	Fachdidaktik

Bezeichnung	Struktur	Dauer	Verantwortlichkeit
SPS IV	Block	4 Wochen im MA	Fachdidaktik
SPS V	Block	4 Wochen im MA	Fachdidaktik

Abbildung 5: Phasenmodell der Schulpraktischen Studien der Universität Leipzig

1.7 Die Bedeutung des Mentors

Eine Folge der veränderten Praxisphasen während des Studiums ist die stärkere Präsenz von Lehramtsstudierenden an Schulen. Die verantwortlichen Schulaufsichtsbehörden müssen die nötigen Rahmenbedingungen schaffen, die es den Schulen ermöglichen, das enorme Potenzial an „frischem" Fachwissen und neuen Ideen für die eigene Profilierung zu nutzen und gleichzeitig die zu erwartende Mehrbelastung zu kompensieren. **Die betreuenden Mentoren stellen ein entscheidendes Bindeglied zwischen den Universitäten und den Schulen dar. Sie haben enorme Bedeutung für die Initiierung schulischer Entwicklungsprozesse und für die Ausbildung der Studierenden** (vgl. Daschner 2005: 6ff.). Im Wesentlichen lässt sich diese Herausforderung in vier Rollen fassen.

Der Mentor als Betreuer

„Betreuen" bedeutet, sich um jemanden oder etwas zu kümmern und ein Gebiet oder eine Person in ihrer Entwicklung voranzubringen. Daher sind für den Mentor im Praktikum die Betreuungsaufgaben stets im Zusammenhang mit der Person des Lehramtsstudenten und dessen Entwicklung zu sehen. Der Schwerpunkt dieser Tätigkeit liegt im Einweisen und Begleiten in das fremde, andere oder neue Organisationsgefüge des Praktikumsfeldes: „Ihre Tätigkeit erschließt und erleichtert Zugänge zur Bewältigung von Schul- und Unterrichtsaufgaben für Berufsanfänger und Kolleginnen, sie vermitteln bei Übergang in die Institution und das Berufsfeld Schule, indem sie symbolisch ihre Hand stützend in den Rücken oder ermutigend auf die Schulter legen, sich in die Karten gucken lassen und Erfahrungen teilen" (Fischer, 2003: 5).
Der Mentor stellt auch das Lern- und Erfahrungsfeld für den Praktikanten zur Verfügung. Er ist Hauptansprechpartner oder „Anlaufpunkt" bei Fragen oder Problemen

des Lehramtsstudierenden. Fundiertes Wissen über den Bildungsweg und den aktuellen Ausbildungsstand des Praktikanten schafft dem Mentor die nötige Sicherheit im Umgang mit dem Studierenden. Die daraus resultierende Klarheit in der Kommunikation und Kooperation fördert die Entwicklung von Selbst- und Handlungskompetenz beim Praktikanten in einem geschützten Lern- und Erfahrungsfeld. In einer finnischen Studie betonten Studenten diese Kompetenz des Mentors besonders (vgl. Väisanen, 2003: 20).

Der Mentor als Berater

„Den Studierenden soll er Berater sein, eine der verantwortungsvollsten und aufreibendsten Tätigkeiten überhaupt ...." (Käpernick, 1971: 589).
Dem Konzept der Beratung liegt der gleichberechtigte gedankliche Austausch mit einer anderen Person zugrunde. Somit sind Mentor und Mentee gemeinsam für die Planung und Realisierung der Vorhaben in den Schulpraktischen Studien verantwortlich. Der Mentor nimmt die Rolle des Beraters ein, um gemeinsam mit dem Praktikanten konkrete Strategien zu entwickeln, die zu einer Kompetenzerweiterung des Studenten führen. Die Beratung hat nichts mit einer einfachen Übernahme bestimmter Verhaltensweisen oder Rollenmuster („Meisterlehre") gemeinsam, sondern sie beruht auf reflexivem, problemorientiertem und realitätsnahem Lernen (vgl. Klement, Teml 1996: 112). Gleichzeitig bietet die Beratertätigkeit dem Mentor die Chance, eigene Kompetenzen weiterzuentwickeln, da er in der Beraterrolle auch über seinen eigenen Unterricht sowie über alle weiteren Tätigkeiten im Kontext Schule reflektieren muss. Das Feedback des Praktikanten kann dabei als eine Fremdsicht Ansatzpunkte für die Selbstreflexion des Mentors bieten. „Als eins der größten Probleme haben die Studierenden die fehlende Gleichberechtigung erfahren, die sich in der hierarchischen Konstellation der Mentoringbeziehung […] äußert. MentorInnen sollten sich dessen bewusst sein, welche Macht sie haben und ausüben können" (Väisanen, 2003: 21).
Für die Beratertätigkeit des Mentors sind entwickelte Persönlichkeitskompetenzen sowie Kompetenzen im fachwissenschaftlichen, im pädagogisch / psychologischen und didaktisch / fachdidaktischen Bereich erforderlich. Dabei gilt es, die Vermittlung zwischen theoretischen und handlungspraktischen Wissensbeständen vorzunehmen.

Der Mentor als Beurteiler

In den neuen Formen der Schulpraktischen Studien (ab ca. 1970) ist der Übungscharakter zugunsten des Experimentierens und der Reflexion zurückgetreten, daher ist eine normierte Bewertung ausschließlich der praktischen Anteile nicht mehr zweckmäßig. Deshalb fordern die Universitäten in der Regel keine Beurteilung oder Einschätzung des Lehramtsstudenten vom Mentor. **Eine qualifizierte Beurteilung ist jedoch die unabdingbare Voraussetzung für die Selbstreflexion und damit für die professionelle Entwicklung des Praktikanten.**

„Gute MentorInnen geben konstruktives Feedback und machen Vorschläge, wie man etwas besser machen kann; sie geben Hinweise und Ratschläge; sie setzen nicht voraus, dass die Mentees alles wissen" (Väisänen, 2003: 20). Die der Beurteilung zugrunde liegenden Kriterien müssen sich aus dem jeweiligen Ausbildungsstand des Studierenden ableiten. Dafür benötigen die Mentoren Kenntnis vom aktuellen Lern- und Erkenntnisstand ihres Praktikanten.

Die Einschätzung und Beurteilung der praktischen Tätigkeiten durch den Mentor ist für die Berufsmotivation des Studierenden häufig von entscheidender Bedeutung.

Der Mentor als Innovator

„Die Beteiligten in einer Mentoringbeziehung wachsen und lernen zusammen, indem sie ihre Erfahrungen reflektieren. Im Idealfall [...] bietet das Mentoring MentorInnen und Mentees die Möglichkeit zu wachsen" (Väisänen, 2003: S. 20).

Aus einer kooperativen Organisation der Schulpraktischen Studien können alle Beteiligten einen erheblichen Nutzen ziehen. Dem Praktikanten eröffnen sich durch die gemeinsame Arbeit mit dem Mentor Möglichkeiten der Verknüpfung von Theorie und Praxis.

Dem Mentor eröffnen sich durch die ständige gemeinsame Reflexion mit dem Praktikanten und durch die Zusammenarbeit mit Lehrkräften der Universität neue Sichtweisen auf Schule und Unterricht sowie Möglichkeiten der eigenen Kompetenzerweiterung. Diese erweiterten Kompetenzen der Mentoren wiederum stellen für die jeweilige Schule ein großes Potenzial für schulische Entwicklungsprozesse dar. Die Universitäten finden in den Schulen mit den Mentoren Kooperationspartner für eine gezielte Schul- und Unterrichtsforschung. Zur Umsetzung kooperativer Forschungsprojekte benötigt der Mentor Kompetenzen im Bereich der empirischen Schul- und Unterrichtsforschung sowie Wissen im Bereich des Projektmanagements zur konkreten Umsetzung in der Schule. Somit stellt der Mentor eine Art „Türöffner" für qualitative und quantitative Forschung an Schulen dar.

Aufgabenbereiche des Mentors auf einen Blick

Betreuung	Beratung	Beurteilung	Innovation
Der Mentor			
– kennt den aktuellen Ausbildungsweg des Praktikanten / Referendars – weist in das neue Lernfeld ein	– bespricht Aktivitäten mit dem Praktikanten / Referendar – entwickelt Handlungsalternativen gemeinsam mit dem Praktikanten / Referendar	– vermittelt zwischen dem Rollenkonflikt der Beratung und Beurteilung – kennt verschiedene Maßstäbe der Beurteilung – gibt objektives und konstruktives Feedback	– besitzt Kenntnisse über Schulentwicklungsprozesse – setzt Formen von kollegialer Zusammenarbeit um
– unterstützt bei der Organisation der Praxisphasen / des Referendariats – stellt einen geschützten Lern- und Erfahrungsraum zur Verfügung – schafft Möglichkeiten zur Kooperation und zum Austausch – unterstützt die Motivation des Lehramtsstudenten – gibt Vorschläge oder Denkanstöße	– besitzt Kenntnisse über Reflexionsverhalten und wendet es an – besitzt theoretische Kenntnisse über die Ausbildungsinhalte des Studenten / Referendars – vernetzt theoretische Ausbildungsinhalte und deren handlungspraktische Umsetzung – kennt Beratungsansätze und Gesprächsgrundlagen	– setzt theoretischen Lernstand des Praktkanten / Referendars in Beziehung zu seinen Leistungen im Handlungsvollzug – besitzt Kenntnisse der Ausbildungsdokumentation – hat Kenntnisse im Erstellen von schriftlichen Gutachten	– verfügt über empirische, sozialwissenschaftliche Forschungsgrundlagen – entwickelt Bereitschaft zur Kooperation mit anderen Organisationen

2 Der Mentor als Betreuer

Die Betreuung der Praktikanten und Referendare lässt sich mit Begriffen wie Fürsorge oder Hilfe zur selbstbestimmten Tätigkeit genauer fassen. Der Mentor als Betreuer soll also dem Mentee fürsorglich zur Seite stehen. In diesen Aufgabenbereich fallen alle Tätigkeiten des Mentors, die dem Mentee ein eigenständiges und somit eigenverantwortliches Tätigwerden im schulischen Umfeld ermöglichen. Die soziale

Eingliederung in den Lernort Schule steht für den Praktikanten / Referendar im Vordergrund. Der Mentee befindet sich dabei in einer besonderen Situation, denn er ist nicht mehr Schüler, aber auch noch nicht Lehrer. Dieser Perspektivenwechsel sollte bereits während der ersten Schulpraktischen Studien, so schnell wie nur möglich, abgeschlossen sein. Dies gelingt dem Praktikanten jedoch nur, wenn er als Mitglied der Lehrerschaft von allen Lehrern und Schülern beachtet und geachtet wird. Nur so kann er für seine eigene Entwicklung einen breiten Erfahrungsraum nutzen und schnell Sicherheit im eigenen schulischen Handeln gewinnen. Diese soziale Position muss im konkreten schulischen Kontext in jedem Praktikum immer wieder neu vom Mentee erarbeitet werden. Eine hilfreiche Voraussetzung dafür ist die professionelle Betreuung durch den Mentor. Hier schafft der Mentor die Voraussetzung für das Gelingen der Schulpraktischen Studien des Praktikanten und der schulpraktischen Ausbildung des Referendars.

2.1 Betreuung zu Beginn jeder praktischen Ausbildungsphase

„Obwohl ich jegliches Organisatorisches mit dem Schulleiter des Gymnasiums abgesprochen hatte, wurde ich am ersten Tag mit großen Augen begrüßt. Irgendwie war es ihm entfallen, dass ich schon eine Woche vor den 3 Praktikanten aus […] anfange. Doch abgesehen von seiner Verwunderung klärte er mich kurz über die aktuellen Geschehnisse in der Schule auf und stellte mich danach im Lehrerzimmer ab. An diesem Tag empfand ich es wirklich als abstellen. Ich wurde niemandem vorgestellt, und auch mir wurde niemand vorgestellt. Nur kurz zeigte er mir meine Mentorin, welche mindestens genauso erstaunt über mein Erscheinen war wie er selbst. Da es sich leider nur um eine 5-Minuten-Pause handelte, saß ich kurze Zeit später inmitten eines wirklich schönen Lehrerzimmers allein, und versuchte mir einen Stundenplan zu erstellen, immer noch in der Hoffnung, dass meine Mentorin nach 90 Minuten wieder auftauchen würde, und mir alles noch ein bisschen näher erklären würde. Natürlich waren meine gesamten Illusionen von einem schönen ersten Tag und auch von einem spannenden Praktikum zerstört. Irgendwie hatte ich keine Lust mehr hinzufahren." (Auszug aus einer Belegarbeit einer Studentin zu ihren ersten Schulpraktischen Studien)

Das Abholen

Es wird bereits in dem kurzen Zitat deutlich, dass die Betreuung des Mentee an erster Stelle ein emotionales Abholen des Praktikanten beinhaltet. Dies ist natürlich für alle Praktikumsphasen relevant, vor allen in den Phasen, in denen die Mentees eine zusammenhängende Zeit an der Schule mit entsprechenden Aufgaben studieren und arbeiten. Beim Praktikanten, der erstmals die Schulpraktischen Studien absolviert, ist dieser emotionale Prozess sicher noch viel umfassender und prägender als beim Empfang eines Referendars. Erfolgt doch diese Begegnung mit Schule für den Praktikanten erstmals aus einer anderen als der Schülerperspektive. Die Praktikanten begegnen der Schule nach ihren sehr individuellen Entwicklungs- und Sozialisationsprozessen mit sehr differenzierten Voraussetzungen. Während der ersten Schulpraktischen Studien werden einerseits Praktikanten ihre Berufswahlentscheidung prüfen wollen und so der Schule und den Lehrern sehr unsicher und teilweise distanziert begegnen. Andererseits werden sie aber auch schon während der ersten Schulpraktischen Studien wissen wollen, wie sie vor der Klasse bestehen und wie sie verschiedene Aspekte des schulischen Lebens aktiv mitgestalten können. Diese Praktikanten wollen so auch testen, wie ihnen die Umsetzung ihrer Planung in bestimmten Bereichen gelingt. Der emotionale Prozess des Begleitens wird im Leitfaden zur Praktikantenbetreuung (vgl. S. 32 ff.) als Abholen bezeichnet. Das Ziel dieses Prozesses ist es, alle Mentee anzunehmen, wie sie sind, sie mit ihren Befindlichkeiten ernst zu nehmen, sie mit ihren Ideen und mit ihrer Initiative zu erwarten, ihnen Vertrauen entgegenzubringen und ihnen so die Möglichkeit zu eröffnen, mit dem Mentor einen aktiven Zuhörer für alle schulischen und manchmal auch privaten Probleme gefunden zu haben. Zuhören heißt aber nicht, dass der Mentor die Probleme des Mentee zu seinen eigenen macht, die er lösen müsste, sondern dass er dem Mentee Hilfe zur Selbsthilfe bietet. Damit schafft der Mentor die beste Voraussetzung für die Begleitung der positiven Entwicklung der Praktikanten sowie für die Beratung und Beurteilung dieser während der schulpraktischen Ausbildungsetappe, nämlich die Vertrauensbasis zwischen dem Mentor, dem Lehrerkollegium und Schule einerseits und dem Mentee andererseits.

Der Prozess des Abholens beginnt mit der ersten Vorstellung des Praktikanten / Referendars an der Schule und sollte vor dem eigentlichen Beginn der Praxisphase liegen.

Informationen einholen

Die Begleitung des Praktikanten / Referendars sollte auch das Einholen von Informationen und das Kennenlernen der Vorstellungen und Ziele des Mentee durch den Mentor beinhalten. Da die Studiengänge an den Universitäten und auch die Ausbildung in den Staatlichen Seminaren sehr differenzierte Anforderungen an die Erfüllung der praktischen Phasen knüpfen, ist es sehr sinnvoll, die jeweiligen Vorgaben der Universität oder des Staatlichen Seminars vom Mentee zu erfragen. Ebenfalls ist der Mentee zu seinen eigenen Zielen, Erwartungen, Interessen und Wünschen zu befragen, um eine gemeinsame Grundlage für die Betreuung zu sichern (vgl. Leitfaden S. 32 ff.).
Es kann auch notwendig sein, dieses Gespräch zu einem späteren Zeitpunkt im Laufe

des Praktikums nochmals zu führen, da sich die Prioritäten beim Praktikanten ändern können. Ein weiteres Gespräch sollte dann geführt werden, wenn der Mentor in den ersten Praktikumstagen bemerkt, dass der Praktikant seine eigenen Ziele zu hoch oder auch zu niedrig gesetzt hat. Dieses Gespräch sollte aus einem Feedbackgespräch über bisher Beobachtetes erwachsen und den Praktikanten in seiner eigenen Praktikantentätigkeit bestärken. Der Mentor sollte Informationen einholen, um den Mentee kennenzulernen und dessen Ausgangsniveau besser einschätzen zu können, um dann mit ihm neue Herausforderungen und Entwicklungspotenziale zu erarbeiten. Beim Praktikanten schafft dies ein Gefühl, ernst genommen zu werden und der Sicherheit. Beides ist für die eigenständige und eigenverantwortliche Entwicklung des Praktikanten Voraussetzung.

Offizielle Informationen weitergeben

Dem Mentor obliegt die Information des Praktikanten über die lokalen, temporalen, personalen und institutionellen Gegebenheiten der Schule. Diese scheinen sowohl dem Mentor als auch jedem anderen Lehrer der Schule allgegenwärtig, also alltäglich zu sein und stellen so für den Lehrer keine Besonderheit mehr dar. Für den Praktikanten sind diese Faktoren völlig neu und in dieser Menge kaum überschaubar. Eine sehr umfassende Auflistung entsprechender Faktoren ist im Leitfaden zur Praktikantenbetreuung zu finden (vgl. Leitfaden S. 32 ff.). Hier ist zu überlegen, inwiefern auch das Studium bestimmter Dokumente dem Praktikanten zum notwendigen Wissen verhilft. Diese Dokumente (Schulprogramm, Hausordnung, Homepage, etc.) sind durch den Mentor bereitzustellen bzw. ist der Hinweis zu geben, wo diese Dokumente zu finden sind. Eine schnelle und umfassende Kenntnis ermöglicht dem Praktikanten eine größere und vor allem sofortige Handlungsfreiheit und ist so auch Voraussetzung für die Übernahme von Verantwortung für das eigene Tun.

Praktikum individuell planen

Dieses eigenverantwortliche Tun ist dem Mentee somit im Bereich der individuellen Praktikumsplanung und der Umsetzung dieser Planung möglich und erscheint hier bereits zu Beginn sinnvoll. Die Möglichkeit der Beratung mit dem Mentor zur Praktikumsplanung sollte zu Beginn immer eingeräumt werden. Eine Vorstellung des Praktikanten bei den beteiligten Fachkollegen zu organisieren, sollte dem Mentor nicht schwer fallen. So kann der Praktikant sehr eigenverantwortlich seine ersten Schritte im schulischen Studienfeld gehen (vgl. Leitfaden S. 32 ff.).

Informelle Informationen weitergeben

Um diese eigenverantwortliche Planung durchführen zu können, benötigt der Praktikant weitere Informationen. Diese sind unter dem Begriff der informellen Informationen in dem Leitfaden zur Praktikantenbetreuung zusammengestellt. Hierzu gehören beispielsweise solche Aspekte wie das ungeschriebene Gesetz der Sitzordnung im Lehrerzimmer oder im Fachvorbereitungsraum sowie neben der Hausordnung allgemein gültige Regeln und Rituale wie beispielsweise Begrüßungsrituale der Lehrer (vgl. Leitfaden S. 32 ff.).

Auch die Information aller Lehrer über das Arbeiten von Praktikanten an der Schule und deren Vorstellung sollten in dem Zusammenhang besprochen werden. An Schulen mit sehr großen Kollegien lässt sich eine persönliche Vorstellung des Praktikanten bei jedem Kollegen oft nicht realisieren. Dies erscheint auch nicht sinnvoll, wenn es sich um ein Praktikum von eng begrenzter Dauer handelt. Dennoch wollen die Lehrer wissen, wer sich an der Schule aufhält und mit wem sie es zu tun haben. Ein so genannter Steckbrief, den der Praktikant von sich fertigt und im Lehrerzimmer aushängt, bewirkt oft die nötige Offenheit aller Lehrer dem Praktikanten gegenüber. Anders gestaltet sich die Vorstellung von Referendaren. Hier bietet sich die persönliche Vorstellung in der Dienstberatung der Vorbereitungswoche an. Alle dem Mentee in dem Zusammenhang gegebenen Informationen und Hinweise helfen ihm, sich in dem speziellen schulischen und vor allem personalen Gefüge einordnen zu können bzw. seine eigenen Erfahrungen nicht auf bitterste Weise, nämlich durch an dieser Schule allgemein unübliches Auftreten, sammeln zu müssen.

Abholen	
Vorgespräche führen	
Am ersten Praktikumstag abholen	
Informationen einholen über	
Vorgaben der Universität	
Interessen und Wünsche des Praktikanten	
Praktikumsschwerpunkte	
Vorbereitung durch Universität	
Betreuung durch Universität	
Erwartungen an den Mentor	
…	
…	
Informationen weitergeben	
Lokale Faktoren	
Einzugsgebiet	
Schulgebäude	
Klassenzimmer	
Schulgelände	
Turnhalle	
Sportplatz	
Schulweg	
Schulgarten	
Speisesaal	

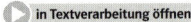 in Textverarbeitung öffnen

1. Leitfaden zur Betreuung

sanitäre Anlagen	
Fachunterrichtsräume	
Computerräume	
Lehrerzimmer	
Vorbereitungszimmer	
…	
…	
Temporale Faktoren	
Schuljahresablauf – Einordnung der Praxisphase	
Monatsabläufe	
Wochenabläufe	
Tagesabläufe	
Stundenabläufe	
Pausen	
Ferien / Feiertage	
…	
…	
Personale Faktoren	
Kollegium	
Schulleitung	
Sekretärin	
Hausmeister	
Hortpersonal	

© Ernst Klett Verlag GmbH, Stuttgart 2008.
Alle Rechte vorbehalten. ISBN 978-3-12-924458-6

Arbeitsblätter: Schulpädagogik
Lehrerausbildung in der Schule

1. Leitfaden zur Betreuung

Schulpsychologen	
pädagogische Mitarbeiter	
Küchenpersonal	
Raumpfleger	
Referendare und Praktikanten	
medizinisches Personal	
Schüler	
Eltern	
Anwohner	
…	
…	
Institutionelle Faktoren	
Trägerschaft	
Schulart	
Profile	
Stundentafel	
Sitzordnung	
Ausstattung	
…	
…	

Arbeitsblätter: Schulpädagogik
Lehrerausbildung in der Schule

1. Leitfaden zur Betreuung

Praktikum individuell planen	
Stundenplan erstellen	
Kollegen ansprechen	
Gesprächstermine vereinbaren	
Arbeitsschwerpunkte besprechen	
Untersuchungen vorbereiten	
…	
…	
Informelle Informationen weitergeben	
Sitzordnung Lehrerzimmer	
Begrüßungsrituale	
Kaffeekasse	
Materialien (Kreide, Folien, Kopien …)	
„Einstand"	
Hierarchien im Kollegium	
Zuständigkeiten	
…	
…	
…	

Arbeitsblätter: Schulpädagogik
Lehrerausbildung in der Schule

4

2.2 Bereitstellen des Lernfeldes

Neben der emotionalen und informativen Gestaltung der Praktikantenbetreuung beinhaltet der zweite Teil der Betreuung die Öffnung des eigenen Handlungsfeldes durch den Mentor und somit die Bereitstellung des Lernfeldes für den Praktikanten / Referendar. Dazu gehört die Öffnung des eigenen Unterrichts für Hospitationen, die Beteiligung des Mentees an der Planung und Gestaltung von Unterricht sowie die Beteiligung an allen sonstigen außerunterrichtlichen Veranstaltungen. Das Lernfeld stellt der Mentor dem Mentee für die Beobachtung von fremdem und eigenem Unterricht und sonstigen Interaktionsprozessen zur Verfügung, damit dieser die (im Beobachtungsprozess) gesammelten Daten an den theoretischen Kenntnissen und den eigenen subjektiven Theorien spiegeln kann (vgl. Kapitel 2.3: Empirische Sozialforschung in der Schule).

Nur so ist es dem Mentee möglich, Schlussfolgerungen für die zukünftige eigene Tätigkeit zu ziehen. Setzt sich der Mentor nach Hospitationen in einer Reflexion mit dem Mentee zu bestimmten Sachverhalten auseinander, setzt an dem Punkt die Be- ratung durch den Mentor ein (vgl. Kapitel 3.1: Beratung).

Die theoriegeleitete Reflexion des Mentees zum Beobachtungsschwerpunkt wird durch die theoriegeleitete Reflexion des Mentors, der eine andere Perspektive einnimmt, ergänzt. Die vom Mentee durchgeführten Fremd- und Selbstbeobachtungen führen zu empirischen Forschungsdaten. Diese sind Grundlage für die Entwicklung des Handlungswissens des Praktikanten oder Referendars. Gleichzeitig können diese Daten auch für Schul- und Unterrichtsentwicklungsprozesse an der Schule ge- nutzt werden (vgl. Kapitel 5: Der Mentor als Innovator).

Je nach Praktikumsschwerpunkt kann die Unterstützung des Praktikanten durch den Mentor bei der Planung und Durchführung von Lehrer-, Schüler- oder Elternbefragungen ebenfalls bedeutsam sein (vgl. Kapitel 2.3: Empirische Sozialforschung in der Schule). Die durch den Mentee gesammelten Daten sind dabei sowohl für den Praktikanten / Referendar als auch für die Schule von Bedeutung. Der Mentee ist so in der Lage, die praktischen Ergebnisse an den theoretischen Aspekten zu spiegeln, um eigene Schlussfolgerungen für seine zukünftige Tätigkeit zu ziehen, um so sein Handlungsrepertoire zu entwickeln. Der Mentor erhält empirische Daten aus der Praxis für die eigenen Reflexionsprozesse. Die aus der Beobachtung oder auch der Befragung gewonnenen Ergebnisse können beispielsweise dabei helfen, das Interaktionsverhalten im Unterricht genauer zu analysieren und zu entwickeln, Ursachen für Unterrichtsstörungen aufzudecken und damit Unterrichtsstörungen zukünftig zu minimieren bzw. die Beziehungsstruktur in der Klasse aufzudecken, um diese im Sinne eines positiven Klassenklimas zu entwickeln.

Um begründete Entscheidungen für die Gestaltung des Schul- und Unterrichtsprozesses in seiner Vielgestaltigkeit treffen zu können, benötigen Lehrer heute eine umfassende Datenbasis zu den einzelnen Aspekten des Unterrichts bzw. des schulischen Lebens. Für deren Erfassung stellt der Mentor das Lernfeld Schule und Unterricht dem Mentee zur Verfügung und kann die erfassten Daten zur eigenen Professionalisierung nutzen.

2.3 Empirische Sozialforschung in der Schule

Ein wesentliches Ziel der gesamten Lehrerausbildung ist die Ausprägung von Reflexionsvermögen und die Entwicklung eines forschenden Habitus bei allen Beteiligten. Forschendes Lernen in der Lehrerbildung ist für Lehrer, Studierende und Referendare ein wesentliches Merkmal ihrer professionellen Kompetenz.

Der Mentor und der Mentee sollten sich deshalb aktiv und kritisch mit ihren subjektiven Theorien von Schule und Unterricht auseinandersetzen. Diese müssen anhand von selbst gesammelten Daten und/oder objektiven Theorien reflektiert werden, um daraus weitere Handlungsmöglichkeiten abzuleiten. Kenntnisse über Grundlagen der empirischen Sozialforschung sind deshalb für den Mentor in allen Phasen der Lehrerbildung unerlässlich; denn nur wer die Bedeutung des forschenden und entdeckenden Lernens kennt und selbst praktiziert, wird diese Einstellung an Studierende, Referendare und seine Schüler weitergeben.

Eigene pädagogische Theorien (Vorstellungen zur Pädagogik) hat jeder im Hinterkopf

Neue Erkenntnisse führen zu neuen Handlungsmustern bzw. zur Bestätigung des bisherigen Vorgehens bzw. zu neuen Fragen an die Theorie

Lehrerbildung Persönlichkeitsbildung

Reflexion der Beobachtungsergebnisse und persönlichen Erfahrungen aus den schulpraktischen Studien

Wissenschaftliche Theorien und Erkenntnisse aus den Lehrveranstaltungen bzw. Literaturstudien

Abbildung. 6: Lehrerbildung – Persönlichkeitsbildung

■ 2.3.1 Theoretische Grundlagen

Definition

Unter empirischer Sozialforschung wird im Allgemeinen die Überprüfung theoretischer Aussagen an realen Erfahrungen verstanden. Es wird von tatsächlich existierenden Wirklichkeiten ausgegangen, die anhand von Hypothesen systematisch überprüft werden. Ein Hauptprinzip der empirischen Forschung ist, dass alle Theorien durch Erfahrungen überprüfbar sein müssen, dass heißt sie müssen sich in der Realität bewähren (vgl. Kromrey 2006: 37f). Bei der Erfassung dieser Wirklichkeiten bedient sich der Forscher verschiedener wissenschaftlicher Methoden (vgl. Kapitel 2.3.3: Forschungsmethoden in der empirischen Sozialforschung).

Dabei sind drei grundlegende Fragen zentral für jede empirische Forschung:

> **Was soll erfasst werden?**
> **Wie soll es erfasst werden?**
> **Warum soll es erfasst werden?**

Untersuchungsplan

Für die empirische Sozialforschung gibt es keine allgemeingültigen Patentrezepte zur Untersuchung aller vorkommenden Fälle. Der Forscher muss, genau wie der Mentor, der Student oder Referendar, sich gründlich mit dem Untersuchungsgegenstand beschäftigen, um einen speziellen Untersuchungsplan für das zu erforschende Objekt zu entwerfen.

Jedoch verläuft jeder empirische Forschungsprozess nach einer idealtypischen Struktur (vgl. Abbildung 7). Allerdings können die Umstände im realen Forschungsprozess unter den einzelnen Punkten Überschneidungen, Sprünge oder Kopplungen ergeben.

Empirische Forschung in der Lehrerausbildung

In der Lehrerausbildung richten der Mentor oder der Mentee häufig ihr Erkenntnisinteresse darauf aus, den Erfolg oder Misserfolg eines Handlungsprogramms in der Schule (z. B. Einsatz von neuen Unterrichtsmethoden, neue Formen des Medieneinsatzes, etc.) zu beurteilen.

Die gebräuchlichste Untersuchungsplanung für diesen Bereich der Schule und Lehrerbildung sind Beschreibungen, Analysen und Erklärungen von sozialen Sachverhalten zu einem bestimmen Zeitpunkt **(Querschnittserhebung).** Dadurch können Erkenntnisse über den zu untersuchenden Gegenstand (z. B. Medieneinsatz, Methodeneinsatz,

Anteile an der Unterrichtskommunikation, etc.) genauer analysiert und später beurteilt werden. Ein weiterer, aber eher seltener Fall ist die **längsschnittlich orientierte Untersuchungsplanung.** Dabei werden die gleichen sozialen Objekte zu verschiedenen Zeitpunkten untersucht. So lassen sich Entwicklungen feststellen. Die Untersuchungen können sowohl quantitativ als auch qualitativ angelegt sein.

1. Welches Problem wird aufgegriffen?
2. Welche Bereiche der Realität sollen erforscht werden?
3. Welche Begriffe erfordert die Fragestellung oder das Problem?
4. Welche theoretischen Erkenntnisse liegen bereits vor?
5. Welche Indikatoren müssen zur Messung gewählt werden?
6. Welche Messverfahren können die Indikatoren (Variablen) messen?
7. Welche Merkmalsträger werden untersucht?
8. Welche Möglichkeiten der Aufbereitung gibt es (quantitativ oder qualitativ)?
9. Welche Interpretationen ermöglichen die erhobenen Daten?
10. Welche Dokumentationsmöglichkeiten existieren?

Abbildung 7: Ablauf des Forschungsprozesses (vgl. Kromrey 2006: 77 ff.)

■ 2.3.2 Operationalisierung und Messung

Operationalisierung

Meist sind zu Beginn des empirischen Forschungsablaufes die theoretischen Konzepte (z. B. Unterrichtsstörung, Lehrersprache, etc.) viel zu ungenau beschrieben, um direkt untersucht werden zu können. Deshalb muss zunächst eine Operationalisierung der benötigten Konzepte vorgenommen werden (vgl. Abbildung 8). Unter Operationalisierung versteht man die Zuordnung feststellbarer Sachverhalte oder Indikatoren (manifeste Variable) zu theoretischen Konzepten.

Theoretisches Konzept	Unterrichtsstörung
Indikatoren oder manifeste Variable	Kippeln mit dem Stuhl Gegenstände werfen Schwatzen mit dem Banknachbarn … Straßenlärm von außen Temperaturen über 35 Grad Mehr als zwei Kinder sitzen an einer Schulbank …

Abbildung 8: Operationalisierung vereinfachte Darstellung

Erst die erfolgte Übersetzung der theoretischen Konzepte in direkt feststellbare Indikatoren ermöglicht Informationsgewinn im Prozess der empirischen Sozialforschung.

Messung

Während des Prozesses der Datenerhebung werden Merkmalsausprägungen bei den Untersuchungsobjekten festgestellt.
Beim Messen in der empirischen Sozialforschung geht es damit um die strukturtreue Zuweisung von Ziffern zu Objekten (Schulklasse 5a, 5b, 5c) nach vorher definierten Regeln. Strukturtreue heißt, dass durch die definierten Regeln sich bestimmte Beziehungen (Relation) zwischen den Objekten ergeben (in 5a tritt Kippeln 10-mal auf, in der 5b nur 3-mal …) (vgl. Kromrey 2006: 219).

Die Messung kann anhand verschiedener Messskalen vorgenommen werden:
- **Nominalskalen:** besitzen das geringste Messniveau und klassifizieren nach dem Besitz oder Nichtbesitz eines Indikators (z. B. männlich / weiblich).
- **Ordinalskalen:** ordnen die Objekte nach Grad ihrer Merkmalsausprägung. Dabei wird eine größer-kleiner-Beziehung zwischen den Merkmalsausprägungen aufgestellt (z. B. Schulnoten).
- **Intervallskalen:** messen die genauen Abstände zwischen den Ausprägungen der Objekte und haben einen willkürlichen Nullpunkt (Temperaturmessung Celsius oder Fahrenheit).
- **Ratioskalen:** sind Intervallskalen mit einem absoluten Nullpunkt. Der Nullpunkt beschreibt die Abwesenheit des gemessenen Merkmals (Alter, Körpergröße).

Man unterscheidet zum einen quantitative Merkmale, diese stellen in ihren Ausprägungen direkt Zahlen dar (z. B. Alter, Punktzahlen einer Klausur, etc.) und zum anderen qualitative Merkmale, dies sind Merkmalsausprägungen, die nicht direkt Zahlen darstellen (z. B. Schulabschluss, gewählte Leistungskurse, etc.).

Gütekriterien empirischer Forschung

Das Ziel jeder Messung ist die Erhebung fehlerfreier und möglichst genauer Werte. Dieses Ziel jedoch ist bei kaum einer Messung zu erreichen, denn die real gemessenen Werte geben äußerst selten die tatsächlichen Werte an, sondern enthalten stets Messfehler (vgl. S. 46 Beobachtungsfehler).

In der praktischen Durchführung sind drei wesentliche Gütekriterien während des Messvorganges einzuhalten, um diese Fehler weitestgehend auszuschließen. Die Gütekriterien einer Messung werden als Zuverlässigkeit (Reliabilität), Gültigkeit (Validität) und Repräsentativität bezeichnet.

Unter Reliabilität wird verstanden, wenn durch die wiederholte Messung eines Objektes mit dem gleichen Messinstrument stets die gleichen Werte erreicht werden.

Die Validität der Messung gibt an, ob das Messinstrument auch tatsächlich das misst, was es messen sollte. Diese beiden sind die zentralen Gütekriterien einer Messung.

Die Repräsentativität einer Messung ist schließlich von Bedeutung, wenn von einer Stichprobe (z. B. 10 Schüler von 28 der Klasse 5 werden beobachtet) später auf Eigenschaften der Grundgesamtheit (Gesamtpopulation hier 28) geschlossen werden soll.

■ 2.3.3 Forschungsmethoden in der empirischen Sozialforschung

Forschungsmethoden sind geplantes, strukturiertes und kontrolliertes Vorgehen zum Gewinnen wissenschaftlicher Erkenntnisse. Für die Untersuchungen in der Schule und im Unterricht eignen sich verschiedene Methoden, die hier überblicksartig dargestellt sind (vgl. Abbildung 9).

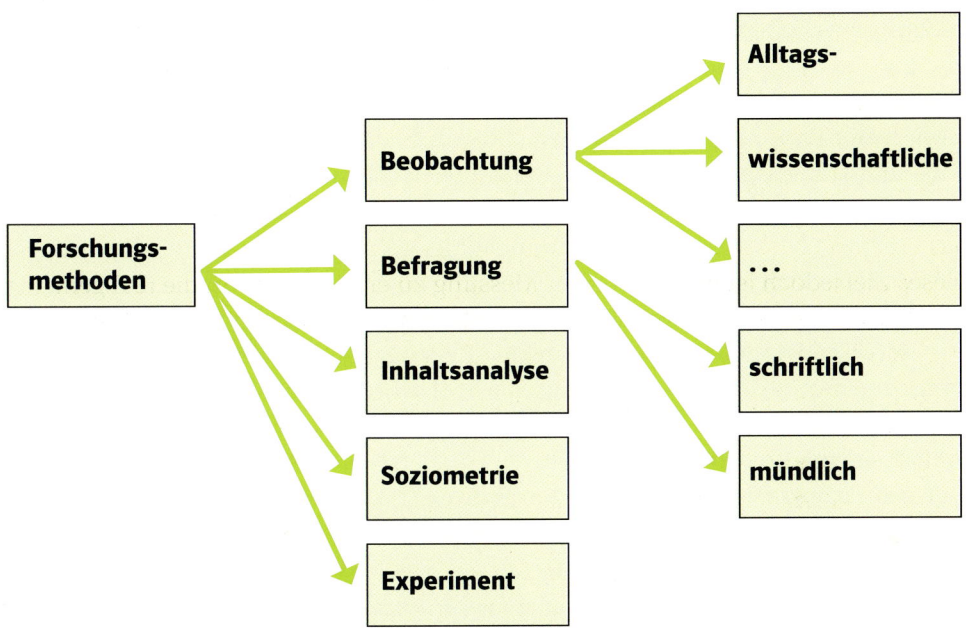

Abbildung 9: Forschungsmethoden

Beobachtung

Die Beobachtung ist das planmäßige und zielgerichtete Wahrnehmen von Ereignissen oder Verhaltensweisen in Abhängigkeit von bestimmten Situationen. Die Schul- und Unterrichtsbeobachtung ist die grundlegende Methode zur Sammlung von Daten und Fakten im Schul- und Unterrichtsprozess (z.B. Sozialformen, Lehrer- und Schülerkontakte, etc.). In Protokollen werden die beobachteten Situationen genau abgebildet. Dazu können verschiedene Protokollformen verwendet werden. Eine Gemeinsamkeit aller Protokolle ist die Gestaltung eines festgelegten Protokollkopfes, damit für den Leser eine vollständige Transparenz der Rahmenbedingungen gegeben ist.

Darin müssen enthalten sein:

- – Grund der Beobachtung (Unterrichtsstunde, Elterngespräch, Ordnungsmaßnahme, etc.)
- – Datum, Zeit, Ort, Anwesende
- – Protokollant
- – Leiter der Veranstaltung
- – Beobachtungsschwerpunkt(e)

Für die Schul- und Unterrichtsbeobachtung werden im Folgenden ausgewählte Protokollformen dargestellt:

- **Wortprotokoll:**
  Mit dieser Protokollvariante werden alle sprachlichen Äußerungen durch Aufnahme und Transkription von kompletten Unterrichtsstunden oder -sequenzen wörtlich genau erfasst. Diese Protokolle können mit einer Zeitschiene ergänzt werden.

- **Narratives Protokoll:**
  Hier wird der Unterrichtsverlauf in einer beschreibenden Form dargestellt. Dieses Protokoll kann auch wörtliche Zitate und Zeitangaben enthalten. Es muss während oder im unmittelbaren Anschluss an die Beobachtungssituation verfasst werden.

- **Stichwortprotokoll:**
  Dieses Protokoll ist die verkürzte Variante des narrativen Protokolls.

- **Zweispaltiges Verlaufsprotokoll:**
  Durch diese Form des Protokollierens wird der komplexe Verlauf einer Beobachtungssituation klar gegliedert. Für ungeübte Beobachter bietet sich diese Protokollart an, da nicht zu viele Beobachtungsaspekte thematisiert werden.

Schülerverhalten	Lehrerverhalten
…	…

Unterrichtsmethodik	Entfaltung
…	…

Unterrichtsmedium	Verhalten des Lehrers im Raum
…	…

- **Mehrspaltiges Verlaufsprotokoll:**
  Diese Protokollform stellt eine Erweiterung des zweispaltigen Verlaufprotokolls dar und eignet sich eher für geübte Beobachter, da hier mehrere Handlungen oder Verhaltensweisen gleichzeitig zugeordnet werden müssen.

Zeit	Unterrichts-phase	Inhalt	Methoden	Auffällig-keiten
…	…	…	…	…

– **Strichlisten:**
  Dies ist eine einfache Möglichkeit, während des Unterrichtsverlaufs genau operationalisierte Daten zu erheben. Dabei werden spezielle Häufigkeiten in einem begrenzten Zeitraum gemessen.

Meldehäufigkeiten von Schülern

Zeit	Schüler X	Schüler Y	Schüler Z
0 – 5 min			
5 – 10 min			
10 – 15 min			
…			

Drannehmverhalten von Lehrern

Zeit	Aufruf des Lehrers	Schülermeldung	Keine Schülermeldung
0 – 5 min			
5 – 10 min			
10 – 15 min			
…			

In der alltäglichen Arbeit ist für den Mentor und den Mentee in der Regel eine aktiv teilnehmende Beobachtung neben der Unterrichtstätigkeit selbstverständlich. Deshalb muss der jeweilige Beobachter den Beobachtungsbereich während dieser Doppelbelastung sehr eng eingrenzen.

Dagegen kann bei Unterrichtshospitationen von Mentor oder Praktikant durch die passiv teilnehmende Beobachtung die Schwerpunktsetzung ausgeweitet werden, um umfangreichere Daten über den Schul- und Unterrichtsprozess zu sammeln. Darüber hinaus kann es von Bedeutung sein, ob die Beobachteten über den Beobachtungsschwerpunkt des Beobachters informiert sind oder nicht.

Während des gesamten Beobachtungsprozesses treten beim Beobachter immer **Beobachtungsfehler** auf, derer er sich stets bewusst sein sollte. Diese Fehler werden nun in aller Kürze benannt:

- Einstellungen beeinflussen Wahrnehmung (eigene Wertmaßstäbe, subjektive Theorien, eigene Erfahrungen, ...)
- Halo-Effekt (eine besonders stark wahrgenommene Eigenschaft überstrahlt alle anderen Eigenschaften und bestimmt somit den Gesamteindruck)
- Primacy-Effekt (besondere Form des Halo-Effekts; der erste Eindruck)
- kognitive Verknüpfung / logische Fehler (man spekuliert, dass zwei oder mehrere Eigenschaften einander bedingen)
- Stereotypen (unveränderliche Vorstellungen in Bezug auf soziale Objekte)
- Erinnerungstäuschungen (durch Routine, Oberflächlichkeit bzw. bei Gedächtnisprotokollen)
- Interpretation / Wertung statt Beobachtung
- Beobachtererwartungseffekt / Versuchspersoneneffekt (Anwesenheit der Beobachter beeinflusst das Verhalten der Beobachteten)

Der Beobachtung als Forschungsmethode sind in der Schule aber auch Grenzen gesetzt. Sie liefert sehr gute Ergebnisse über das Sozialverhalten von Personen oder Gruppen, jedoch kann die Beobachtung keine Einstellungen oder Meinungen von Individuen erfassen. Dazu wird sehr häufig die Befragung als Forschungsmethode angewendet.

Befragung

Die Befragung ist immer noch ein Standardinstrument der empirischen Sozialforschung zur Messung von Fakten, Meinungen oder Wissen. Bei einer Befragung werden die Befragten aufgrund verbaler Äußerungen (z. B. direkte oder indirekte Fragen) sowie anderer Reize (z. B. bildhafte oder grafische Vorlagen) zu verbalen Reaktionen veranlasst.

In der Regel werden mündliche (Interview) und schriftliche Befragungen (Fragebogen) unterschieden. Das Befragungsinstrument kann dabei standardisiert und stark strukturiert (z. B. Ablauf, Fragen, Formulierung, etc.), halbstandardisiert oder teilstrukturiert (z. B. Fragen festgelegt, Anordnung dem Interviewer überlassen) oder offen bzw. wenig strukturiert (z.B. Ziel der Befragung bekannt, aber Interviewer entscheidet über die Anordnung und Formulierung der Fragen) sein (vgl. Abbildung 10: Befragung).

		Kommunikationsform			
Kommunikationsart	**mündlich**	Typ I – informelles Gespräch – Experteninterview – Gruppendiskussion	Typ III – Leitfadengespräch Intensivinterview – Gruppenbefragung – Expertenbefragung	Typ V – Einzelinterview telefonische Befragung – Gruppeninterview – Panelbefragung	Typ VII – (mündlich und schriftlich kombiniert) – telefonische Ankündigung des Versandes von Fragebögen – Versand oder Überbringung der schriftl. Fragebögen – telefon. Kontrolle, evtl. telef. Ergänzungsbefragung
	schriftlich	Typ II – informelle Anfrage bei Zielgruppen	Typ IV – Expertenbefragung	Typ VI – postalische Befragung – persönliche Verteilung und Abholung – gemeinsames Ausfüllen von Fragebögen – Panelbefragung	

Erfassen qualitativer Aspekte „Interpretieren"   Erfassen quantitativer Aspekte „Messen"

Abbildung 10: Befragung

Bei mündlichen und schriftlichen Befragungen ist es äußerst wichtig, geeignete Fragen für die Interviewsituation oder den Fragebogen zu formulieren. Daher müssen der Mentor und der Praktikant im Vorfeld genau überlegen, wie die Fragen zu formulieren sind (vgl. Checkliste: Auswahl von Fragen für die Befragung S. 48).

Offene Fragen überlassen den Befragten die Antwortformulierung. Der Befragte benötigt umfangreiche Kenntnisse zum Sachverhalt und muss in der Lage sein, diese entsprechend zu formulieren. Die Auswertung der offenen Fragen ist mit einem erhöhten Arbeitsaufwand verbunden.

Geschlossene Fragen hingegen geben den Befragten die Möglichkeit, sich zwischen verschiedenen Antwortvorgaben zu entscheiden. Die Auswertung der Antworten ist weniger komplex und zeitaufwändig. Jedoch besteht die Gefahr, dass die vorgegebenen Antwortkategorien nicht vollständig sind und der Befragte keine für sich passenden Antworten finden kann und daher Fragen falsch oder nicht beantwortet.

Beispiel für offene und geschlossene Fragen:

Geschlossene Frage	Offene Frage
Wie findest du Gruppenarbeit? – sehr gut – gut – mittelmäßig – eher schlecht – sehr schlecht	Was gefällt dir an Gruppenarbeit? …

Die Befragung ist die in der empirischen Sozialforschung am häufigsten eingesetzte Forschungsmethode. Auch in der Schul- und Unterrichtsforschung findet sie breite Anwendung (z.B. PISA, DESI, etc.).

 Checkliste: Auswahl von Fragen für die Befragung

> 1) Brauche ich die Frage zum Erkenntnisgewinn?
> 2) Ist eine Frage ausreichend (Durchschnittskörpergröße der Klasse) oder benötige ich mehrere Fragen, um zu diesem Forschungsgegenstand ausreichend zu messen (Bsp: Unterrichtsstörung)?
> 3) Entspricht die Frage meinem Erkenntnisinteresse (Gültigkeit)?
> 4) Prüft meine Frage auch wirklich nur einen Sachverhalt (Zuverlässigkeit)?
> 5) Habe ich die Frage für die zu Befragenden verständlich formuliert (Grundschüler vs. Gymnasiasten)?
> 6) Impliziert meine Frage eine bestimmte Antwort („Sind Sie Alkoholiker?")?
> 7) Formuliere ich besser direkte oder indirekte Fragen?
> 8) Enthält meine Frage eine doppelte Verneinung?

Vor der Durchführung der Befragung ist zu prüfen, ob die zu befragenden Personen hinreichend über die Rahmenbedingungen der Befragung informiert sind.

Inhaltsanalyse

Die Inhaltsanalyse kann im weitesten Sinne als die Analyse von Kommunikationsinhalten bezeichnet werden. Dies können sowohl verbale (Schulprogramme, Schulbücher, Klassenbücher, etc.) als auch nonverbale Äußerungen (Intonationsmerkmale der Lehrersprache, Gebärden, etc.) sein (vgl. Köck/Ott 2002: 325 f.). Aus allem, was Menschen geäußert haben, kann man Rückschlüsse auf deren Einstellungen und Meinungen ziehen. Neben der formal-deskriptiven Analyse (Anzahl der Wörter, Substantive eines Textes, etc.) werden die inhaltlichen Merkmale zum Schwerpunkt dieser Untersuchungsmethode.

> Eine sehr bekannte Analysestrategie ist die so genannte „Laswellformel: Wer sagt was, zu wem, wie, warum und mit welcher Wirkung".

Auftretende Fehler während der Analyse der Inhalte lassen sich anhand der Kommunikationstheorie erklären (vgl. Kapitel 3.5: Kommunikation).

Soziometrie

Die Soziometrie wird als Forschungsmethode eingesetzt, um die Beziehungen und Wechselbeziehungen in einer sozialen Gruppe (z. B. Schulklasse) zu erfassen. Sie bedient sich meistens der Beobachtung oder der Befragung von sozialen Vorlieben oder Abneigungen, um die Beziehungsgeflechte in der Gruppe transparent zu machen. Durch Beobachtung einer sozialen Kleingruppe (maximal 6) können die Art und die Häufigkeit der Kontaktaufnahmen erhoben werden. Die Beziehungsstruktur einer größeren Gruppe (z. B. Klasse) lässt sich durch eine Befragung besser feststellen. Dabei erhalten die Befragten die Möglichkeit, Gruppenmitglieder als soziale Partner zu wählen und/oder abzulehnen. Geeignete Fragen wären z. B.: Mit welchen Personen in deiner Klasse verbringst du am liebsten die Pausen? Neben wem möchtest du am liebsten sitzen?
Im Anschluss daran werden die Ergebnisse mittels einer Soziomatrix (vgl. Abbildung 11: Soziomatrix) aufbereitet.

		Gewählter							
		A	**B**	**C**	**D**	**E**	**F**	**G**	**H**
Wähler	**A**		+					+	
	B	+						+	
	C						+	+	
	D							+	+
	E				+				+
	F							+	
	G				+		+		
	H				+	+			
	Σ	**1**	**1**	**0**	**3**	**1**	**2**	**5**	**2**

Abbildung 11: Soziomatrix

Nach der Auszählung der Soziomatrix können die Beziehungsstrukturen in einem so genannten Soziogramm grafisch dargestellt werden (vgl. Abbildung 12: Zielscheibensoziogramm), um klar die Richtungen der sozialen Beziehungen zu erkennen. Durch die grafische Darstellung wird die Interpretation der Ergebnisse deutlich erleichtert. So ist in der Abbildung 12 die Person G der Star, da er fünf Nennungen auf sich vereinigen konnte. Das Individuum C ist der Außenseiter dieser Gruppe, es wird von keinem anderen Mitglied der Gruppe benannt.

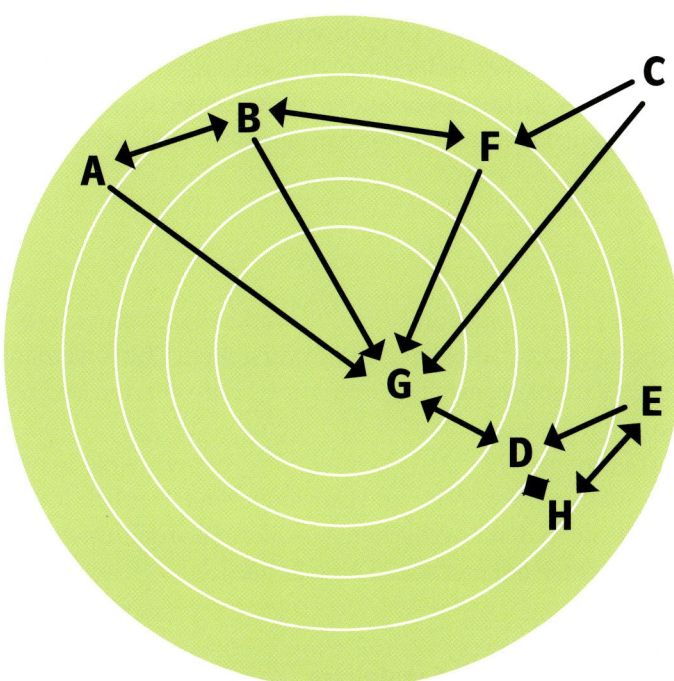

Abbildung 12: Zielscheibensoziogramm

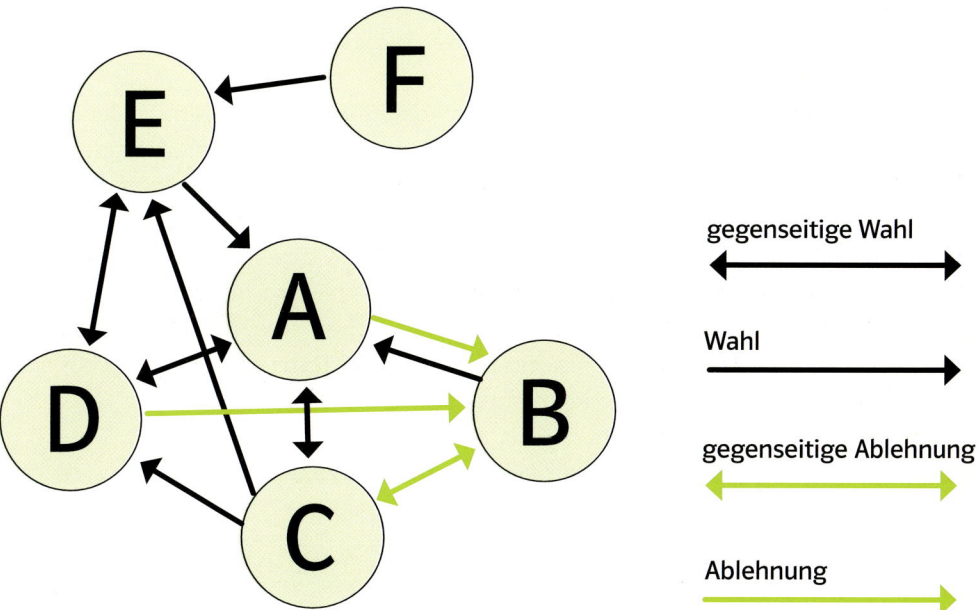

Abbildung 13: Soziogramm erweitert – Wahlen und Ablehnungen

Bei mehrmaliger Durchführung in der gleichen Gruppe werden Veränderungen im Beziehungsgeflecht der Gruppe gut sichtbar. Jedoch sagt die Soziometrie nichts über die Hintergründe (das Warum?) des Zustandekommens der Gruppenstruktur aus. Zum anderen kann über die Intensität der Beziehungen ausschließlich spekuliert werden.

Experiment

Unter einem Experiment ist in der Sozialforschung eine „besondere Form empirisch-wissenschaftlicher Untersuchung" (Lissmann 1999: 21) zu verstehen. Dabei werden „mindestens eine unabhängige Variable planmäßig und unter kontrollierten Bedingungen variiert und der dadurch hervorgerufene Effekt auf eine abhängige Variable beobachtet oder gemessen" (Lissmann 1999: 21). Dadurch, dass Experimente in der empirischen Sozialforschung extrem aufwändig zu realisieren sind (zeitlich, ökonomisch, rechtlich, etc.), spielen sie in den praktischen Ausbildungsabschnitten der Lehrerbildung für Mentor und Mentee äußerst selten eine Rolle.

■ 2.3.4 Datenanalyse und Verwendung der Ergebnisse

Durch die Forschungsmethoden gemessene Daten müssen, um Anwendung zu finden, anschließend weiterverarbeitet werden. In der quantitativen Sozialforschung werden dazu statistische Verfahren angewendet. In der qualitativen Sozialforschung werden die Ergebnisse interpretiert.

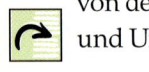 Beide Formen der Datenanalyse können während der Lehrerausbildung in der Schule von den Praktikanten oder Referendaren genutzt und für die weitere Arbeit im Schul- und Unterrichtsprozess verwendet werden. (Kapitel 5: Der Mentor als Innovator)

Mögliche Verwendung der gesammelten Daten:
– Leistungen diagnostizieren
– Leistungen beurteilen
– Beziehungsstruktur einer neu zusammengesetzten Klasse untersuchen
– Wünsche der Schüler bezüglich der Unterrichtsgestaltung durch einen Fragebogen herausfinden
– Argumente und Wünsche für die Klassenfahrt durch eine Fragebogenuntersuchung sammeln
– Unterrichtsstörungen analysieren
– Verhaltensdiagnose besonders auffälliger Schüler
– Analyse des Interaktionsverhaltens im Unterricht
– …

Der Erfassung von sozialwissenschaftlichen Daten im Schul- und Unterrichtsprozess kommt im Zuge des aktuellen gesellschaftlichen Wandels in unserer Gesellschaft eine immer bedeutendere Rolle zu (z. B. hoher Anteil der Kinder mit Migrationshintergrund, negative familiäre Verhältnisse, etc.). Es wird immer klarer, dass ohne eine ausreichende Datenlage keine begründeten Entscheidungen für den Schul- und Unterrichtsprozess getroffen werden können. Dies betrifft sowohl die Mikroebene der Klasse bis zur Einzelschule, wo z. B. Versetzungsentscheidungen oder klassenorganisatorische Fragen (Sitzordnung, Gruppenarbeiten, etc.) durch den Lehrer entschieden werden müssen, als auch die Makroebene der Bildungsadministration oder Bildungspolitik, auf der u. a. finanzintensive Entscheidungen (z. B. Schulhausbau, Einrichtung von Stundenpools für bessere Sprachförderung, etc.) aufgrund der Daten getroffen werden müssen.

Mentor und Mentee müssen sich diesen neuen Anforderungen stellen, um selbst begründete Entscheidungen aufgrund von gesammelten Daten zu treffen. Erst dadurch können der Mentor und der Praktikant eine umfassende Reflexion des unterrichtlichen Handels vornehmen und sich zur professionellen Führungskraft für das Lehren und Lernen entwickeln.

■ Weiterführende Literatur:

Eikenbusch, Gerhard / Leuders, Timo (Hrsg.): Lehrer Kursbuch Statistik. Alles über Daten und Zahlen im Schulalltag. Berlin 2004.

Kromrey, Helmut: Empirische Sozialforschung. Modelle und Methoden der standardisierten Datenerhebung und Datenauswertung. Stuttgart 2006.

Schnell, Rainer / Hill, Paul B. / Esser, Elke: Methoden der empirischen Sozialforschung. München 1995.

Atteslander, Peter: Methoden der empirischen Sozialforschung. Berlin 2006.

3 Der Mentor als Berater

Beratung gehört zu den Kernaufgaben eines Lehrers. Auch in den Standards der Lehrerbildung (vgl. KMK 2004) wird dies nachdrücklich als eine Kernkompetenz betont.

Die Beratungsanlässe in den Schulen haben in den letzten Jahren deutlich an Komplexität zugenommen (z. B. Erziehungsberatung unter veränderten gesellschaftlichen Rahmenbedingungen, Schullaufbahnberatung, Lernberatung, etc.).

Auch die veränderten praktischen Phasen der Lehrerausbildung stellen immer häufiger einen Beratungsanlass dar. Die Herausforderung bei dieser Beratung besteht darin, dass der Studierende oder Referendar Wissen aus der theoretischen Ausbildung besitzt, ihm jedoch das anwendungsbereite Handlungswissen für den Unterricht fehlt. Der Praktikant muss lernen, an der Theorie die Praxis zu spiegeln, um eigene Sichtweisen und Handlungskompetenzen zu entwickeln. An dieser Stelle benötigt der Student eine kompetente Beratung durch einen routinierten Lehrer, der in der Lage ist, theoretische und handlungspraktische Wissensbestände in Beziehung zu setzen. So wird klar, dass sowohl der Mentor als auch der Lehramtsstudierende oder Referendar gemeinsam für die Vorhaben und Zielerfüllung in den Schulpraktischen Studien und dem Referendariat verantwortlich sind.

3.1 Die Beratung

Theoretische Grundlagen   S 57

Das Beratungsgespräch   S. 58

Beratung in der Lehrerbildung   S. 60

Nachbesprechungsmethoden   S.62

■ 3.1.1 Theoretische Grundlagen

Definition

„Beratung ist eine freiwillige, kurzfristige, soziale Interaktion zwischen mindestens zwei Personen. Das Ziel der Beratung besteht darin, in einem gemeinsam verantworteten Beratungsprozess die Entscheidungs- und Handlungssicherheit zur Bewältigung eines aktuellen Problems zu erhöhen. Dies geschieht in der Regel durch die Vermittlung von neuen und/oder durch die Analyse, Neustrukturierung und Neubewertung vorhandener Prozesse." (Schwarzer/Posse 2005: 139). Aus der Definition wird klar, dass sich Beratung als Prozess zur Bearbeitung von Problemen versteht. Damit soll der Ratsuchende in die Lage versetzt werden, eigenständig und aktiv Probleme zu lösen (vgl. König/Bentler/Luchte 2005: 120).

Professionelle Beratung ist dadurch gekennzeichnet, dass sie sich in einem speziellen sozialen Kontext abspielt und mit professionellen Methoden arbeitet. Der Berater muss dabei die inhaltliche Ebene des Problems verstehen und gleichzeitig über beraterische Kompetenzen verfügen (z.B. Interaktions- und Kommunikationsprozesse).

Beratungskompetenz

Beratungskompetenz beruht sehr stark auf den persönlichen Voraussetzungen des Beraters. Dazu gehören Akzeptanz (emotionale Wärme, Achten des Gegenüber, etc.), Empathie (Einfühlen in den anderen) und Echtheit (Kongruenz in den Botschaften) (vgl. Kapitel 3.2).
Weiterhin gehören zu einer entwickelten Beratungskompetenz inhaltlich-fachliches Wissen (vgl. Kapitel 3.2 – 3.5) und Methodenwissen (vgl. Kapitel 3.1.5).

Zentrale Prinzipien jeder Beratung sind (vgl. Schnebel 2007: 16 f.):
- **Freiwilligkeit:** Der Ratsuchende entscheidet selbst, ob er beraten werden möchte und ob er die erarbeiteten Lösungen anwendet.
- **Unabhängigkeit und Unparteilichkeit:** In Bezug auf das Problem und dessen Lösung sowie die Erwartungen anderer benötigt der Berater ein großes Maß an Unabhängigkeit.
- **Vertrauen:** Beratung funktioniert nur, wenn alle Akteure einander vertrauen.
- **Professionalität:** Der Berater besitzt fachliche und beraterische Fähigkeiten.
- **Verantwortlichkeit:** Bei institutionalisierter Beratung müssen die Verantwortlichen möglichst früh mit einbezogen werden.

Theoretische Ansätze

Zur Beratung gibt es unterschiedliche Theoriepositionen. Bei den psychologischen Theorien (z. B. Tiefenpsychologie, Humanistische Psychologie, u. a.) wird das lernende Individuum in den Mittelpunkt der Betrachtung gestellt. Dabei werden Handlungs- und Reaktionsweisen des Einzelnen näher betrachtet.

In der Schule sind die Beratungsansätze aus der Humanistischen Psychologie von besonderer Bedeutung. Die bekanntesten Vertreter sind Carl Rogers (Klientenzentrierte Beratung), Ruth Cohn (Themenzentrierte Interaktion) und Thomas Gordon (Lehrer-Schüler-Konferenz) sowie das Ehepaar Tausch.

Weitere Ansätze kommen zum Beispiel aus der Systemtheorie. In diesen Theorieansätzen stehen der gesellschaftliche Kontext, die situativen Bedingungen sowie die Prozesse der Erziehung stärker im Zentrum der Betrachtung (vgl. Aurin: 1984: 16 f.; vgl. Gudjons 2005: 7 f.).

Zwischen den psychologischen und den systemtheoretischen Theoriepositionen finden in der praktischen Beratungstätigkeit vielfältige Überschneidungen statt.

Beratung im Bildungsbereich sollte die grundlegende Zielrichtung „Hilfe zur Selbsthilfe" verfolgen. Dabei werden drei wesentliche Zielperspektiven identifiziert:

– Bildungs- und Entfaltungsmöglichkeiten des Einzelnen fördern
– Notwendigkeit und Möglichkeit des Erwerbs von allgemeinen und verwertbaren Qualifikationen aufzeigen („Wofür brauche ich denn die allgemeine Didaktik?")
– Gemeinsam Informations-, Entscheidungs- und Realisierungshilfen entwickeln (vgl. Bachmair et al: 1999: 121)

■ **3.1.2 Das Beratungsgespräch**

Eine Beratung ist immer zielgerichtet. Am Ende sollen eine oder mehrere Lösungsmöglichkeiten eines Problems stehen. Dabei erfolgt eine Einschätzung, welche Mittel vorhanden sind bzw. benötigt werden, um das Ziel zu erreichen. Alle Beratungen verlaufen nach bestimmten Strukturen. Während dieses Prozesses haben die Akteure die Situation so zu gestalten, dass die Beratung erfolgreich sein kann. Das kooperative Problemlöse- und Entscheidungsfindungsmodell gibt eine mögliche Grundstruktur vor (vgl. Abbildung 14).

Phase	Inhalte
1. Begrüßung Kontakt	Gastgeberrolle, Anwärmphase, Kontakt zum Gesprächspartner herstellen, eine unsichtbare Brücke bauen, eine Vertrauensbasis schaffen
2. Eröffnung Information über Struktur und Verlauf	– Klärung von Anlass und Anlagen – Klärung der Erwartungen und Ziel des Gesprächs – Festlegung der zur Verfügung stehenden Zeit, formale Aspekte des Gesprächs – Motivation, Gesprächsbereitschaft, Kooperationsbereitschaft sichern – Eigenverantwortung betonen
3. Problem verstehen	– Was wird vom Gesprächspartner jetzt als Problem gesehen? – Umgang mit dem Problem? – Bisherige Lösungsversuche? – Entstehungszeitpunkt des Problems? – Erklärung des Problems, begleitende Gefühle, Reaktionen
4. Problemsicht erweitern	– angrenzende Probleme, beteiligte Personen, positive Seiten des Problems – Funktion des problematischen Verhaltens der Schwierigkeit – Führen in die Zukunft: Welche Konsequenzen wird das Problem in ein, zwei, drei, fünf Jahren haben?
5. Ausnahmen vom Problem, Ressourcen erfragen	– Wann trat das Problem nicht auf bzw. wurde allein bewältigt? – Wie war der Verlauf in den letzten Wochen? – Was hat sich verändert? – Wo liegen die Stärken des Schülers, der Familie? Was klappt gut?
6. Ziele definieren	– Wer will was wie erreichen? – Klare präzise Zielbeschreibung ausarbeiten – Erwartungen der beteiligten Personen
7. Lösungen konstruieren	– Gemeinsames Sammeln und Erarbeiten von Lösungswegen unter Berücksichtigung von Norm- und Wertvorstellungen, der Realisierbarkeit, der Ressourcen der Betroffenen

Phase	Inhalte
8. Kontakt, Vereinbarungen, Aufgaben	– Zusammenfassung der Ergebnisse – möglichst klare und konkrete Vereinbarungen formulieren a) Inhaltlich: Was werden die Eltern unternehmen? Wer wird was machen? Eventuell Beobachtungsaufgaben und/oder Verhaltensexperimente für einzelne Gesprächsteilnehmer vereinbaren b) Formal: Wann und mit welchen Beteiligten findet das nächste Gespräch statt?
9. Verabschiedung	positiver Schlusskommentar

Abbildung 14: Beratungsgespräch in der Schule

■ 3.1.3 Beratung in der Lehrerbildung

Zu den Aufgaben des Mentors während der praktischen Phasen der Lehrerbildung gehört die Gestaltung einer erheblichen Anzahl von Beratungen mit den Praktikanten. Dabei sind die einzelnen Beratungsgespräche als Teil eines kontinuierlichen Beratungsprozesses zu betrachten. Folgenden Aspekten der spezifischen Beratungssituation zwischen Mentor und Praktikant ist dabei besondere Aufmerksamkeit zu widmen.

Rollenverständnis klären

In den Beratungen stehen Mentor und Praktikant in einem hierarchischen Verhältnis zueinander. Aufgrund dieser hierarchischen Ausbildungsstrukturen erleben die Praktikanten diese Gespräche als Pflichtveranstaltung. Die Auszubildenden sind immer auch abhängig vom Urteil des Mentors (besonders im Referendariat). Deshalb ist für alle Akteure diese Beratungssituation nicht einfach. Die zukünftigen Lehrkräfte stehen unter besonderem Druck, möglichst perfekt in den praktischen Phasen der Lehrerbildung zu handeln, um vom Mentor eine gute Beurteilung zu erhalten. Deshalb werden unter Umständen Probleme dem Mentor gegenüber nicht offengelegt. Auch der Mentor befindet sich in diesem Rollenkonflikt zwischen der Berater- und Beurteilerrolle, besonders im Referendariat (vgl. Schnebel 2007: 96 ff.). Um diese Rollenkonflikte ein Stück weit zu entschärfen, ist die Schaffung einer umfassenden Vertrauensbasis zwischen Mentor und Praktikant unabdingbar. Weiterhin sollte immer klar kommuniziert werden, in welcher Rolle Mentor und Praktikant jeweils miteinander agieren (Beratungs- oder Beurteilungssituation). In Beurteilungssituationen müssen Ziel, Norm und Rahmen allen Beteiligten transparent sein (vgl. Kapitel 4).

Mentoren haben neben der Verantwortung für die Praktikanten auch eine besondere Verpflichtung gegenüber ihren Schülern. Falls gemeinsam erarbeitete Lösungen vom Praktikanten nicht umgesetzt werden, hat der Mentor Sanktionsrechte. Daher ist der Mentor nicht nur als Berater oder Beurteiler, sondern auch als Vorgesetzter tätig, der dem Praktikanten gegenüber weisungsberechtigt ist.

Ziele abgleichen

Es ist nicht selbstverständlich, dass Mentoren und angehende Lehrer jederzeit die Umsetzung der vereinbarten Ziele gleich interpretieren. Während zum Beispiel der Mentor versucht, dem Studierenden oder Referendar „Hilfe zur Selbsthilfe" zu geben, möchte dieser vielleicht nicht nach konstruktiven Lösungen suchen, sondern konkrete Lösungsrezepte erhalten. Um dies zu vermeiden, ist es außerordentlich wichtig, gemeinsame Zielvorstellungen zu Beginn der praktischen Phase zu formulieren (vgl. Kapitel 2).

Vertrauen schaffen

Falls eine Verweigerungshaltung eines Beratungspartners auftritt, liegen die Ursachen meist im Misstrauen oder in Angst vor Einmischung begründet.

Ein persönliches und klärendes Gespräch mit dem Referendar oder dem Lehramtsstudierenden vor der eigentlichen Beratung trägt zu einer gemeinsamen Vertrauensbasis bei. Beide Beratungspartner sollten im Gespräch ihre Probleme oder Wünsche artikulieren.

Rahmenbedingungen gestalten

Häufig sind die Rahmenbedingungen im Ausbildungsprozess nicht optimal. Für die Lehrerausbildung in der Schule stehen dem Mentor meist keine oder sehr knapp bemessene Zeitbudgets zur Verfügung. Auch haben die Schulen für diesen Teilbereich der Beratung selten die räumlich-materiellen Voraussetzungen (Besprechungsraum, Videokamera, etc.).

Dennoch sollte sich der Mentor bemühen, für die Beratungen einen hellen, freundlichen Raum in der Schule zu finden und für den ungestörten und ruhigen Ablauf des Gespräches zu sorgen (Hinweis an die Tür, ruhige Zeiten planen). Die organisatorischen Rahmenbedingungen der Beratungstätigkeit (Stundenabminderung, technische Ausstattung) müssen individuell mit der Schulleitung ausgehandelt werden.

Altersangemessenheit beachten

Im alltäglichen Arbeitsprozess führt der Lehrer hauptsächlich Beratungsgespräche mit Kindern und Jugendlichen bzw. mit deren Eltern zu Entwicklungs-, Erziehungs- und Lernprozessen der Kinder.

Während der Mentorentätigkeit gilt es, sich der speziellen Bedürfnisse Erwachsener (Sprache, Verhalten, etc.) im verstärken Maße bewusst zu sein.

Grenzen ziehen

An Grenzen stößt die Beratung dort, wo trotz mehrfacher Beratungsgespräche und getroffener Vereinbarungen beim Studierenden oder Referendar keine Verhaltensänderung einsetzt und die Beratung pervertiert. Auf jeden Fall gilt die Beratung als gescheitert oder unmöglich, wenn der Studierende oder Referendar rechtliche Vorgaben und Vereinbarungen wiederholt verletzt (Verschwiegenheitspflicht, Anwesenheit, etc.). Dort sind die Dienstvorgesetzten bzw. Ausbilder an Universitäten und Studienseminaren zu informieren.

■ 3.1.4 Nachbesprechungsmethoden

Die Hauptform von Beratungsgesprächen in der praktischen Ausbildung sind Nachbesprechungen von beobachtetem bzw. selbst gestaltetem Unterricht. Nachbesprechungen sind dann zielführend, wenn sie bei gleichbleibender Struktur methodischen Variantenreichtum aufweisen. Dies vermittelt Sicherheit, vermeidet gleichzeitig aber Monotonie. Mit den beschriebenen Methoden wird versucht, den Verlauf und die Struktur der Nachbesprechungen zu unterstützen. Dabei müssen der Mentor und die Studierenden oder Referendare bereit sein, sich persönlich auf deren Umsetzung einzulassen.

 Einige Methoden werden im Folgenden kurz vorgestellt. Auf der CD-ROM befinden sich weitere Möglichkeiten.

6. Einfaches Nachbereitungsgespräch _____

Einfaches Nachbereitungsgespräch

Grundstruktur:
– Auf eine angenehme Gesprächsatmosphäre ist zu achten.
– Der Leiter des Gesprächs ist festzulegen.
– Der Fragende führt durch das Gespräch.

Merkmale:
– Es sind immer einzelne Fragen zu stellen.
– Es sollen die Besprechungsinhalte direkt angesprochen werden.

Allgemeine Gültigkeit in allen Nachbesprechungen:
– Es ist zwischen Lob und Kritik deutlich zu trennen.
  (ein Lob soll Mut und Motivation schaffen und nicht die Kritik „erleichtern").
– Es ist immer zwischen der Sach- und Gefühlsebene zu trennen
  (Beobachtungen und Bewertungen einer Situation darstellen).
– Es ist darauf zu achten, dass ICH-Botschaften gesendet werden.
– Es sollen keine fertigen Lösungsvorschläge oder Rezepte vermittelt werden, sondern:
  ZUSAMMEN: Lösungen suchen
              Lösungen vergleichen
              Lösungen bewerten
              Lösungen auswählen
              Vereinbarungen festlegen

Mediengestützte Nachbesprechung zur Selbstreflexion

Grundstruktur:
– Die Stunde wird mit dem Video- oder Kassettenrekorder aufgezeichnet.
– Auf eine angenehme Gesprächsatmosphäre ist zu achten.
– Es sind vorher Schwerpunkte festzulegen.
– Der Studierende analysiert allein oder mit einer Vertrauensperson die Aufzeichnung.
– Eine Rückmeldung der Analyse an den Mentor kann später erfolgen.

Merkmale:
– Durch die nicht gelenkte und unbeobachtete Nachbearbeitung werden den Praktikanten Mut zur Ehrlichkeit und Selbstbeurteilung sowie Selbstreflexion vermittelt.
– Die Fehler oder Kritikpunkte werden ohne Einschätzung des Mentors erkannt und direkt zurückgemeldet.

Allgemeine Gültigkeit in allen Nachbesprechungen:
– Es ist zwischen Lob und Kritik deutlich zu trennen
 (ein Lob soll Mut und Motivation schaffen und nicht die Kritik „erleichtern").
– Es ist immer zwischen der Sach- und Gefühlsebene zu trennen
 (Beobachtungen und Bewertungen einer Situation darstellen).
– Es ist darauf zu achten, dass ICH-Botschaften gesendet werden.
– Es sollen keine fertigen Lösungsvorschläge oder Rezepte vermittelt werden, sondern:
 ZUSAMMEN: Lösungen suchen
 Lösungen vergleichen
 Lösungen bewerten
 Lösungen auswählen
 Vereinbarungen festlegen

13. Nachbesprechung nach der KOSE-Methode

Nachbesprechung nach der KOSE-Methode
(vgl. Schulz von Thun 1981, 142 ff.)

Grundstruktur:
– Auf eine angenehme Gesprächsatmosphäre ist zu achten.
– Der Leiter des Gesprächs ist festzulegen.
– Kurze prägnante Sätze sind zu formulieren.
– Ordnung, Gliederung, innere Struktur sind zu beachten.
– Simulieren erfolgt durch einfache Beispiele, Bilder, Analogien.
– Die Sprache sollte einfach bleiben.
– Die Rückmeldung darf 3 bis 5 Sätze nicht übersteigen (mündlich oder schriftlich).
– Der Unterrichtende darf erst am Ende Stellung beziehen.

Merkmale:
– Es müssen die Feedbackregeln bewusst sein.
– Gut bei „Zeitdruck" durchzuführen.

Allgemeine Gültigkeit in allen Nachbesprechungen:
– Es ist zwischen Lob und Kritik deutlich zu trennen
   (ein Lob soll Mut und Motivation schaffen und nicht die Kritik „erleichtern").
– Es ist immer zwischen der Sach- und Gefühlsebene zu trennen
   (Beobachtungen und Bewertungen einer Situation darstellen).
– Es ist darauf zu achten, dass ICH-Botschaften gesendet werden.
– Es sollen keine fertigen Lösungsvorschläge oder Rezepte vermittelt werden, sondern:
   ZUSAMMEN: Lösungen suchen
               Lösungen vergleichen
               Lösungen bewerten
               Lösungen auswählen
               Vereinbarungen festlegen

16. Nachbesprechungsscheibe

Nachbesprechungsscheibe

Grundstruktur:
– Auf eine angenehme Gesprächsatmosphäre ist zu achten.
– Der Leiter des Gesprächs ist festzulegen.
– Der Mentor und der Mentee setzen Punkte in die jeweiligen Felder (können an die Bedürfnisse
  und konkreten Problemlagen angepasst werden) der Nachbesprechungsscheibe.
  (1 = schlecht und 5 = sehr gut)
– Jetzt erfolgt die Besprechung und Diskussion über den Unterricht auf Grundlage der
  „Scheibentreffer".

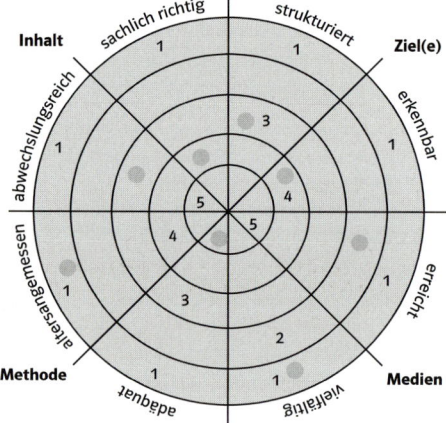

Merkmale:
– Präsentation der einzelnen Scheiben schafft die Diskussionsgrundlage zur Auswertung von
  Unterricht.
– Alle Felder in der Matrix ernst nehmen und „Ausreißerpunkte" deutlich klären.

Allgemeine Gültigkeit in allen Nachbesprechungen:
– Es ist zwischen Lob und Kritik deutlich zu trennen
  (ein Lob soll Mut und Motivation schaffen und nicht die Kritik „erleichtern").
– Es ist immer zwischen der Sach- und Gefühlsebene zu trennen
  (Beobachtungen und Bewertungen einer Situation darstellen).
– Es ist darauf zu achten, dass ICH-Botschaften gesendet werden.
– Es sollen keine fertigen Lösungsvorschläge oder Rezepte vermittelt werden, sondern:
  ZUSAMMEN: Lösungen suchen
                      Lösungen vergleichen
                      Lösungen bewerten
                      Lösungen auswählen
                      Vereinbarungen festlegen

 © Ernst Klett Verlag GmbH, Stuttgart 2008.
Alle Rechte vorbehalten. ISBN 978-3-12-924458-6

Arbeitsblätter: Schulpädagogik
Lehrerausbildung in der Schule

18. Feedback an den Mentor oder Mentee

Wie Sie mich weiter unterstützen können!?
Feedback an den Mentor und den Mentee

Grundstruktur:
– Student und Mentor formulieren jeder für sich Eigenschaften oder Verhaltensweisen, die der andere beibehalten bzw. ändern sollte oder die ihm nicht gefallen:
  · Folgendes Verhalten unterstützt mich im Praktikum: …
  · Folgendes Verhalten fehlt mir im Praktikum. Könnten Sie versuchen, …
  · Folgendes Verhalten empfinde ich als hinderlich in unserer Zusammenarbeit im Praktikum: …
– Die Teilnehmer erhalten ihre Karten mit nach Hause und haben Zeit, diese zu lesen und zu reflektieren:
  · Welche Verhaltensweisen findet der Partner gut?
  · Verstehe ich die Änderungswünsche?
  · Was und wie viel kann ich ändern? – Diesen Punkt aufschreiben.
– In der folgenden Sitzung (unbedingt am nächsten Tag) sind Verständnisfragen zu klären. Die Partner können eine Erklärung abgeben.
– „Mentoring-Vertrag" wird geschlossen.

Name:			
	Das tue ich, um das Praktikum erfolgreich zu gestalten …	**Dabei unterstützen Sie mich …**	**Daran kann ich erkennen, dass ich erfolgreich arbeite …**
Mentor			
Student			

– In der Abschlusssitzung des Praktikums wird auf die Vereinbarungen eingegangen.

Merkmale:
– eignet sich zur Formulierung exakter Regeln
– ordnet die Zusammenarbeit der Partner
– bringt Transparenz in die Beziehung
– erleichtert die Beurteilung am Ende des Praktikums

Alle Methoden der Nachbesprechung können eingesetzt werden, um das oberste Ziel der Beratung – „Hilfe zur Selbsthilfe" – bei den Studierenden oder Referendaren zu erreichen. Jedoch muss sich der Mentor während seiner Tätigkeit im Teilbereich Beratung stets seine eigene Rolle als Berater ins Bewusstsein rufen. Dadurch wird es erst möglich, zwischen den unterschiedlichen Rollen Konflikte zu vermeiden, und er wirkt als Berater authentisch.

■ Weiterführende Literatur

Schnebel, Stefanie: Professionell beraten. Beratungskompetenzen in der Schule. Weinheim 2007.

Bachmair, Sabine et al.: Beraten will gelernt sein. Ein praktisches Lehrbuch für Anfänger und Fortgeschrittene. Weinheim 1999.

Rechtien, Wolfgang: Beratung. Theorien, Modelle und Methoden. München 2004.

Pädagogik 57 (2005), Heft 06 – Thema: Beraten.

3.2 Sozialisation, Entwicklung und Erziehung

Begriffsbestimmung   S. 69

S. 72   Ebenen der Sozialisation

Phasen der Sozialisation   S. 74

Familiäre Sozialisation S: 75

Schulische Sozialisation S. 77

Zwei Problemfelder schulischer Sozialisation in Deutschland S 79

Gelingende schulische Sozialisation   S 81

Checkliste für den Mentor: Kompetenzen Sozialisation S. 82

■ 3.2.1. Begriffsbestimmung

„Die Grundspannung, in welcher Lehrerinnen und Lehrer sich in ihrem Beruf befinden, verstärkt sich: Sie sind einerseits der individuellen Förderung und Entwicklung ihrer Schülerinnen und Schüler verpflichtet, zugleich handeln sie im Auftrag der Gesellschaft, die von der Schule Vermittlung und Sicherung gemeinsamer kultureller Inhalte und verlässlicher Qualifikationen, der Integration des Einzelnen in die Gemeinschaft und die Selektion nach überwindlichen Leistungskriterien verlangt." (Nyssen 2004: 32)

In der wissenschaftlichen Diskussion lässt sich bei der Suche nach eindeutigen Beschreibungen im Bereich „Sozialisation, Entwicklung und Erziehung" eine nicht überschaubare Anzahl an Begriffsdefinitionen finden. Diese Problematik erschwert die Zusammenarbeit zwischen dem Praktikanten und dem Mentor erheblich oder macht sie sogar unmöglich. Deshalb dienen die folgenden Erläuterungen zur Schaffung einer gemeinsamen „sprachlichen Basis". Damit wird die Kommunikation zwischen dem Mentor und dem Praktikant deutlich erleichtert.

Zu Beginn jeder Praxisphase muss eine Diagnose zum Vorwissen des Praktikanten erfolgen, um seine bisher erworbenen Kenntnisse in diesem Bereich festzustellen. Dazu kann folgende Aufgabenstellung dienen:

Aufgabe zur Diagnose des Vorwissens des Praktikanten:

Vervollständigen Sie die folgenden drei Satzanfänge:
– Sozialisation ist …
– Entwicklung ist …
– Erziehung ist …

Die Antworten stellen die Grundlage für die weiteren Beratungsgespräche zwischen dem Praktikanten und dem Mentor dar und sind der Ausgangspunkt für die spätere gemeinsame Arbeit.

Sozialisation

Mit dem Begriff Sozialisation wird der Prozess eines Individuums in der Wechselwirkung und Auseinandersetzung mit der Umwelt beschrieben. Dabei sind die gesellschaftlichen Rahmenbedingungen oder die „dinglich materiellen Lebensgrundlagen" (Hurrelmann 1995: 4) ein entscheidendes Kriterium für die Fortentwicklung des Subjektes.

Tillmann (vgl. 2006: 10f.) beschreibt Sozialisation ebenfalls als einen „Prozess der Entstehung und Entwicklung der Persönlichkeit", der in Abhängigkeit zur gesellschaftlichen und materiellen Sphäre eines Menschen steht. Die Sozialisation beginnt mit der Geburt des jeweiligen Individuums und endet erst mit dem Tod, da hier die Einflüsse der Umwelt auf den Menschen enden und sich keine Veränderungen der Persönlichkeit mehr ergeben. Im gesamten Zwischenzeitraum wirken Sozialisationsinstanzen auf das Subjekt und beeinflussen sowie verändern dessen Persönlichkeit.

Die Sozialisationsforschung stützt sich bis heute auf zwei bedeutsame Theorieansätze unterschiedlicher Herkunft. Zum einen sind dies psychologische Theorien. Diese konzentrieren sich auf die Art und Weise der Verarbeitung von Lebensbedingungen einzelner Menschen (Lerntheorien, Persönlichkeitstheorien, entwicklungspsychologische Theorien). Zum anderen stellen die soziologischen Theorien (Systemtheorien, Handlungstheorien, Gesellschaftstheorien) den Einfluss der sozialen Lebensbedingungen ins Zentrum ihrer Betrachtung. Die Sozialisationsforschung besitzt damit eine Scharnierfunktion bei der Klärung des Verhältnisses von Individuum und Gesellschaft (vgl. u.a. Fend 1981; Hurrelmann 1995; Tillmann 2004; Grundmann 2006: 18).

Entwicklung

Der Prozess der Entwicklung wird als eine psychophysiologische Veränderungsabfolge (Größe, Gewicht, Verhaltensweisen), die sich in mehreren Schritten vollzieht, beschrieben. Eingeschlossen sind Reifung und Lernen. Reifung stellt den inneren Ablauf der Entwicklung eines Individuums dar. Von Lernen wird dagegen gesprochen, wenn exogene Einflüsse während der Entwicklung zusätzlich betrachtet werden (vgl. Raithel/Dollinger/Hörmann 2005: 45). Beide Prozesse stehen in einem gegenseitigen Abhängigkeitsverhältnis und bedingen sich gegenseitig.
Der Entwicklungsprozess wird durch Entwicklungsabschnitte mit unterschiedlichen Lebensaltersspannen näher dargestellt (vgl. Abbildung 15). Mit der Erklärung dieses Entwicklungsprozesses des Menschen befassen sich unterschiedliche theoretische Modelle (u.a. Stufenkonzept nach Piaget, Moralentwicklung nach Kohlberg, etc.).

1. Säuglingsalter (Geburt bis zum 1. Lebensjahr)

2. Kindesalter (1. bis 12. Lebensjahr)
   - frühe Kindheit (1.–6. Lebensjahr)
     · Kleinkindalter (1.–4. Lebensjahr)
     · Vorschulalter (4.–6. Lebensjahr)
   - mittlere Kindheit (6.–10. Lebensjahr)
     · Grundschulalter
   - späte Kindheit/Präadoleszenz (10.–12. Lebensjahr)

3. Jugendalter/Adoleszenz (11./12. bis 21. Lebensjahr)
   - frühe Jugend (Pubertät) (11./12.–14. Lebensjahr)
   - mittlere Jugend bzw. Kernjugend (15.–18. Lebensjahr)
   - späte Jugend (18.–21. Lebensjahr)

4. Erwachsenenalter (21. bis 55. Lebensjahr)
  – Postadoleszenz, frühes Erwachsenenalter (21.–30. Lebensjahr)
  – mittleres Erwachsenenalter (30.–40. Lebensjahr)
  – spätes Erwachsenenalter (40. – 55. Lebensjahr)

5. (Senioren-)Alter (55. Lebensjahr bis zum Tod)
  – „junge Alte" (55.–65. Lebensjahr)
  – mittleres Alter (65.–75. Lebensjahr)
  – hohes Alter, Senioren (ab 75. Lebensjahr)

Abbildung 15: Entwicklungsabschnitte

Erziehung

Erziehung wird dagegen charakterisiert als methodische Sozialisation der jungen Generation. Charakteristisch für diesen Prozess sind zielgerichtete und geplante Maßnahmen oder Tätigkeiten, die die junge Generation beeinflussen sollen (intentionale Erziehung). Ziel der Beeinflussung ist es, die junge Generation zum einen in die Gesellschaft zu integrieren und damit deren Fortbestand zu sichern (affirmative Erziehung) und sie andererseits zu selbstständig denkenden und handelnden Individuen zu erziehen, die kritisch mit gesellschaftlichen Strukturen umgehen (emanzipatorische Erziehung). Damit wird klar, dass Erziehung einen Teilbereich des Spektrums der Sozialisation darstellt.

■ 3.2.2 Ebenen der Sozialisation

Jedes Individuum ist in soziale Umwelten eingebunden. Diese sind wiederum in größeren Zusammenhängen vernetzt und befinden sich in ständigen gegenseitigen Austauschprozessen. Dabei werden vier Ebenen der Sozialisation unterschieden (vgl. Abbildung 16).

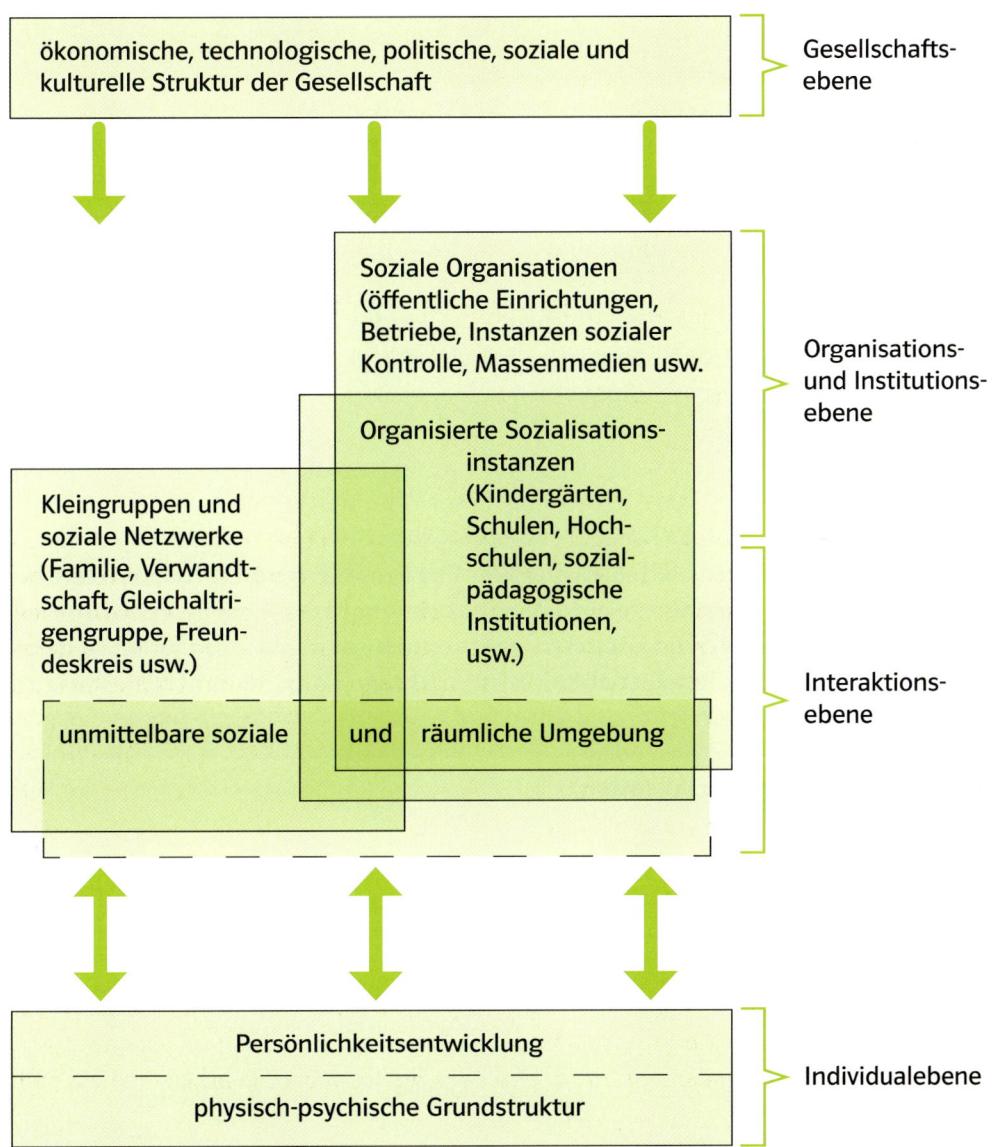

Abbildung 16: Ebenen der Sozialisation

Auf der ersten Ebene (Individualebene) werden die Voraussetzungen und Entwicklungen des Einzelnen betrachtet.

Die zweite Ebene wird als Interaktionsebene bezeichnet. Hier tritt das Individuum durch Handlungen in Interaktion mit seiner Umwelt und gestaltet diese aktiv. Als schulisches Beispiel können wir Lehrer oder Schüler im Unterrichtsverlauf betrachten. Beide, die Schüler wie der Lehrer, gestalten den Unterricht durch ihre Handlungen aus. Das Handlungsspektrum der beteiligten Personen ist dabei durch ihre individuellen Voraussetzungen determiniert.

Die Sozialisationsinstanzen der dritten Ebene (Organisations- und Institutionsebene) beeinflussen die Sozialisationsprozesse der zweiten Ebene. Als schulisches Beispiel können hier die verschiedenen Schularten mit differenzierten Lehr- und Stundenplänen gelten, die die Interaktionsprozesse zwischen Lehrern und Schülern erheblich beeinflussen. Gleichzeitig wirken diese ebenfalls auf die Entwicklung des Einzelnen ein.

Auf der vierten Ebene (Gesellschaftsebene) werden die Rahmenbedingungen für Institutionen und Organisationen geschaffen. Als Beispiel können die Ergebnisse der Einführung von Ganztagsschulprojekten herangezogen werden. Da die Gesellschaft als Ganzes, vertreten durch die politisch Verantwortlichen, erkannt hat, dass ganztägiges Lernen Vorteile besitzt, werden auf der gesellschaftlichen Ebene Prozesse der Veränderung eingeleitet. Als Auswirkung dieser Veränderung sind auf allen anderen Ebenen der Sozialisation Konsequenzen beobachtbar.

Abschließend ist festzustellen, dass **alle vier Ebenen in einem Wechselwirkungsverhältnis stehen. Austausch- und Veränderungsprozesse zwischen den Ebenen finden stetig statt, sind für den Einzelnen schwer zu durchschauen, wirken jedoch immer auf die Persönlichkeitsentwicklung** (vgl. Tillmann 2004: 15 f.).

■ 3.2.3 Phasen der Sozialisation

Der Prozess der Wechselwirkung eines Individuums mit der Umwelt wird häufig als dreigliedriges Verlaufsschema dargestellt und verdeutlicht wesentliche Phasen und Instanzen während der Sozialisation (vgl. Abbildung 17).

Sozialisationsphase	Sozialisationsinstanzen
Primäre Sozialisation	Familie
Sekundäre Sozialisation	Schule, Freundeskreis, Medien
Tertiäre Sozialisation	Ausbildung, Beruf

Abbildung 17: Phasen und Instanzen der Sozialisation

Die primäre oder auch frühe Sozialisation beginnt mit dem Tag der Geburt und findet vorwiegend in der Familie statt. Hier entsteht das Fundament für die weitere Persönlichkeitsentwicklung. Bestimmte Verhaltensmuster, Werte und Normen des

Menschen prägen sich während dieser Phase aus und bilden den Grundstein für den weiteren Sozialisationsprozess. Die primären Sozialisationserfahrungen besitzen enorme Bedeutung für die weitere Entwicklung des Menschen. Frühe Erfahrungen des Individuums können nicht ausradiert werden. Sie bilden die Basis für die spätere Persönlichkeitsentwicklung.

Sozialisation in Schule und Freundeskreis kann als sekundäre Sozialisation bezeichnet werden. Zwischen der ersten und zweiten Phase gibt es einen nicht trennscharfen Übergang. Das Individuum erwirbt auf der Basis der bisher bekannten neue Verhaltensweisen. In dieser Sozialisationsphase werden besonders das eigene Rollenverständnis und soziale Regeln ausgeprägt. Zusätzlich erkennt das Individuum, welche Verhaltensweisen in bestimmten sozialen Situationen erwünscht sind.

Als tertiäre wird die Sozialisation im Erwachsenenalter beschrieben. In dieser Phase sind die Ausbildung und die beruflichen Tätigkeiten wichtige Sozialisationsinstanzen (vgl. Sommer 2003: 8 f.). Die tertiäre Sozialisation als Prozess wirkt auf die primäre und sekundäre Sozialisation nachfolgender Generationen.

■ 3.2.4 Familiäre Sozialisation

In Abbildung 18 sind wichtige Sozialisationsinstanzen dargestellt.
Die Familie ist in den ersten zehn Jahren des Lebens der zentrale Bezugspunkt für den Heranwachsenden und damit die wichtigste Sozialisationsinstanz. Sie wirkt als sozialer Filter und unterstützt das Individuum bei der Verarbeitung der äußeren Realität. Die familiäre Sozialisation wird durch zahlreiche Faktoren beeinflusst (vgl. Abbildung 18). Im Verlauf des Lebens geht der direkte Einfluss der Herkunftsfamilie immer weiter zurück. Sie bleibt jedoch in der Regel wichtiger sozialer und emotionaler Teilbereich in der späteren Entwicklung.

Im weiteren Verlauf soll nun kurz auf die wesentlichen Sozialisationsaufgaben der Familie eingegangen werden. Sommer (vgl. 2003a) beschreibt fünf zentrale Leistungen der Familie während der Entwicklung eines Individuums.

Sozialfähig machen
Die Familie ist entscheidend für die Entwicklung des Urvertrauens und dient als Grundlage für die Entstehung von emotionalen Werten und Normen.

Spracherwerb fördern
Der kindliche Spracherwerb wird deutlich durch die Herkunftsfamilie geprägt. Auch hier gilt: Die Reichhaltigkeit der Erfahrungen, die dem Kind im sprachlichen Bereich ermöglicht werden, befördert das Ausmaß seiner positiven Entwicklung.

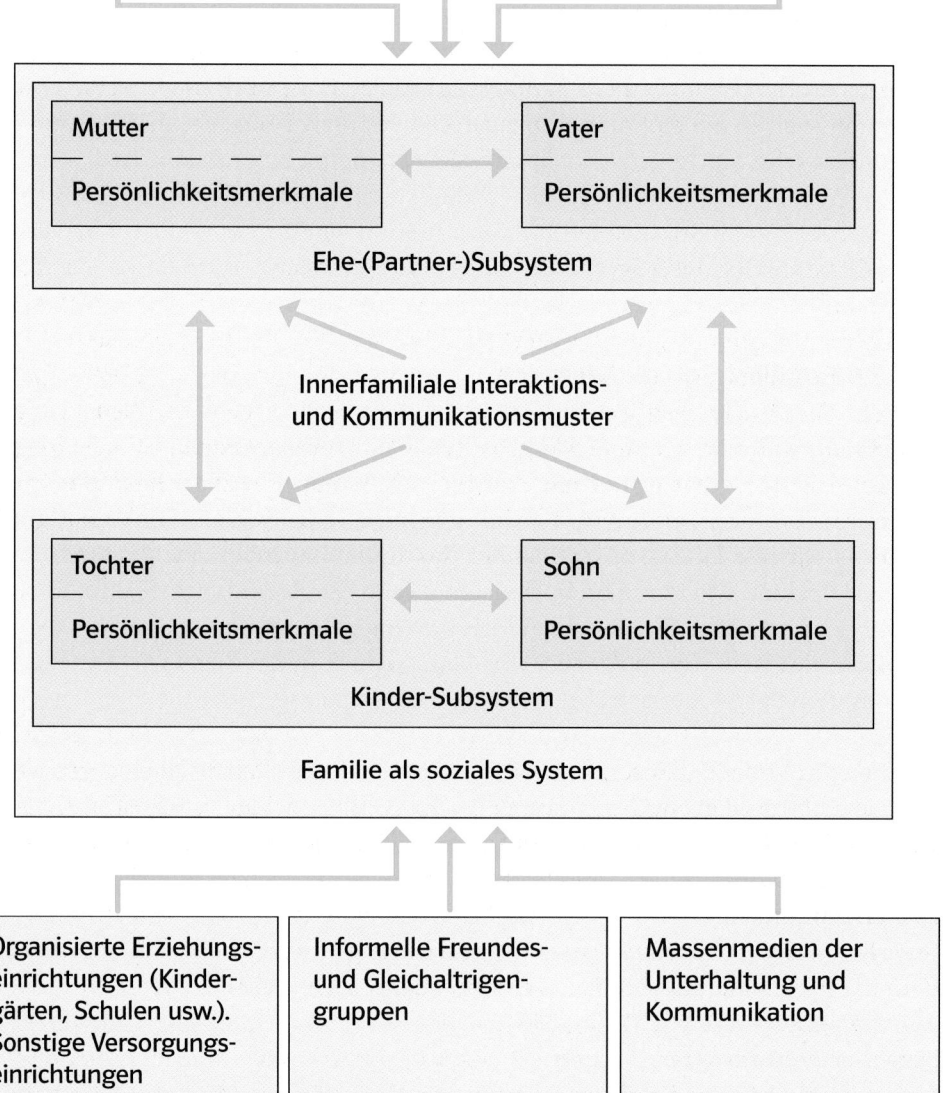

Abbildung 18: Sozialisationsbedingungen der Familie

Kindliche Intelligenzentwicklung unterstützten
Der Interaktionsstruktur innerhalb der Familie kommt bei der Intelligenzentwicklung des Kindes eine enorme Bedeutung zu. Das Kind sollte zum eigenständigen Lösen von herausfordernden Aufgaben im familiären Umfeld ermuntert werden. Wichtig ist dabei eine positive Grundhaltung der Familie gegenüber den Lösungsversuchen des Kindes.

Geschlechtsspezifische Identität prägen
Dabei wird das Kind durch die im primären Umfeld der Familie gelebten Geschlechterrollen „Mann und Frau" geprägt. Diese Prägung beeinflusst nachhaltig folgende Auseinandersetzungen mit gesellschaftlich definierten Rollenverständnissen.

Schichtspezifische Identität
Das schichtspezifische Selbstverständnis des Heranwachsenden ist stark abhängig vom materiellen Lebensumfeld der Familie. Mittel- und Oberschichtkinder wachsen häufiger in anregenden, durch vielfältige Spiel- und Kontaktmöglichkeiten gekennzeichneten Erziehungs- und Sozialmilieus auf als Kinder in sozialen Unterschichten. Obwohl der schichtspezifischen Entwicklung in der Familie starke Bedeutung zukommt, sind individuelle Auf- oder Abstiegschancen in sozialen Positionen möglich. **Die Entwicklung der gesamten Persönlichkeit des Heranwachsenden ist von den Sozialisationszielen und -methoden der Herkunftsfamilie abhängig. Eine weitere wichtige Sozialisationsinstanz ist neben der Familie die Schule.**

■ **3.2.5 Schulische Sozialisation**

In den letzten circa 250 Jahren ist ein Bildungssystem entstanden, von dem täglich zehn Millionen Menschen deutschlandweit betroffen sind und das zwischen dem sechsten und achtzehnten Lebensjahr in der Regel eine Pflichtveranstaltung ist. Der Heranwachsende verbringt in dieser Zeit etwa 20000 Unterrichtsstunden in der Schule (vgl. Gukenbiehl 1998: 87ff.; vgl. Topsch 2004: 37ff.). Während seines täglichen Aufenthaltes findet immanent eine ständige, geplante und organisierte Sozialisation statt. **Schule als eine Sozialisationsinstanz strukturiert umfassend Lernprozesse, in denen der überlebenswichtige Grundbestand einer Gesellschaft immer wieder neu vermittelt wird** (vgl. Haug 2004: 520ff.).
Die Schule als Subsystem unserer Gesellschaft soll das Individuum zur Integration in die gesellschaftlichen Strukturen befähigen. Der junge Heranwachsende lernt hier allgemeingültige Werte und Normen kennen, die es ihm ermöglichen, die Rollenerwartungen der Gesellschaft zu erkennen und zu erfüllen.

Bei Fend (vgl. 1981: 13 ff.) werden die Funktionen der Schule in besonders übersicht-
licher Art dargelegt (vgl. Abbildung 19).

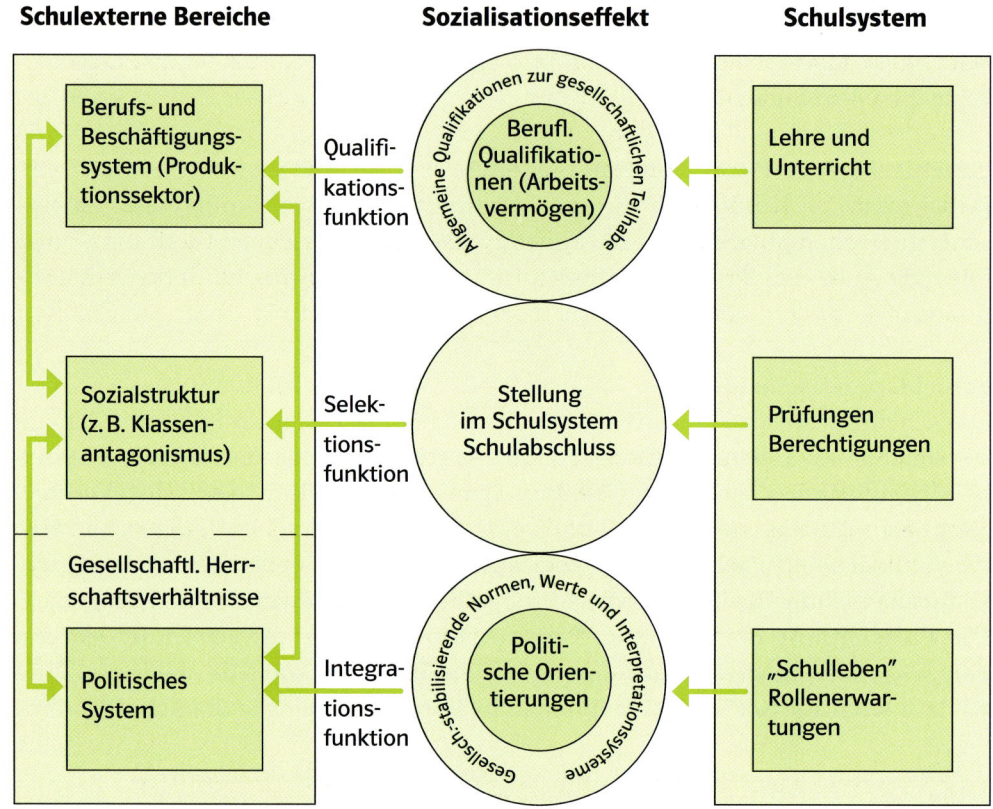

Abbildung 19: Gesellschaftliche Funktionen des Bildungswesens

Qualifikationsfunktion

Damit beschreibt Fend (vgl. 1981: 15 f.) die **Reproduktion von Wissen, Fähigkeiten
und Fertigkeiten,** die der nachwachsenden Generation in der Schule vermittelt werden. Darunter fallen besonders die Beherrschung der Symbolsysteme wie Sprache oder
Schrift oder auch der Erwerb von grundlegenden Rechenfertigkeiten. Dass die Schule
mit dieser Qualifizierung durchaus Erfolg hat, wird deutlich, wenn der Einfluss auf
den Lernfortschritt bei Grundschülern in Mathematik zehnmal bedeutender als der
des Elternhauses eingeschätzt wird. Bei den Lesefähigkeiten ist der schulische Einfluss
viermal stärker als der der Eltern (vgl. Haug 2004: 526). Aus den Zahlen wird deutlich,
welch enorme Bedeutung der Schule in der Vermittlung grundlegender Qualifikationen zukommt, um eine spätere Tätigkeit im gesellschaftlichen Leben wahrzunehmen.

Selektionsfunktion

Am Ende des Jugendalters findet eine Weichenstellung für das spätere Leben statt, die danach nur schwer wieder zu verändern ist. Der Schul- oder Ausbildungsabschluss und der Berufseintritt setzen Endpunkte unter die schulische Leistungsbeurteilung (vgl. Hurrelmann 1995: 138 ff.). Durch kontinuierliche Leistungsbewertung und -beurteilung (Notengebung, Loben, Tadeln etc.) in der Schule erwirbt sich der Schüler einen Status (Bildungszertifikat – Schulabschluss). **Diese Auslese oder Verteilung ist nicht negativ zu bewerten, sondern sie ist notwendig, um Positionsverteilungen innerhalb der Gesellschaft leistungsgerecht vorzunehmen** (vgl. Tillmann 2006: 117 ff.). Die Schule reguliert damit den Zugang für Berufe mit niedrigem oder hohem Prestige, Einkommen oder Macht (vgl. Fend 1981: 16 u. 29 ff.).

Integrationsfunktion

Schule dient auch der gesellschaftlichen Integration der heranwachsenden Generation. **Sie stabilisiert und sichert die Herrschaftsverhältnisse in der Gesellschaft.** Dazu vermittelt Schule Normen und Werte, die in einer Gemeinschaft vertreten werden (vgl. Fend 1981: 40 f.) und beeinflusst somit die Heranwachsenden, die bestehenden politischen Strukturen eines Staates anzuerkennen und zu akzeptieren. Damit werden die vorhanden Macht- und Herrschaftsverhältnisse legitimiert und eine Integrationsleistung erbracht.

■ 3.2.6 Zwei Problemfelder schulischer Sozialisation in Deutschland

Ein bestimmender Faktor schulischer Sozialisation ist das Leistungs- und Konkurrenzverhalten. Ein zweiter zu betrachtender Zusammenhang ist der zwischen erreichten Abschlüssen und sozialer Herkunft der Schüler.

Leistung und Konkurrenz als bestimmender Faktor in der Schule

Die Leistungsthematik, „Erfolg und Versagen" ist für die Heranwachsenden allgegenwärtig. Jeder Schüler muss sich dieser Problematik mit seiner eigenen Identität immer wieder stellen. Bei erfolglosen Schülern bewirkt ständige negative Beurteilung eine Identitätsbedrohung und ein Gefühl der Minderwertigkeit. Diese Schüler integrieren andauernde Erfolglosigkeit in ihr Selbstkonzept. Folgen davon sind eine demonstrative Verweigerungshaltung und Ablehnung der Institution Schule, insbesondere der Lehrer und der Lernanforderungen. Dagegen verarbeiten erfolgreiche Schüler ihre Beurteilung in der Regel positiv und entwickeln aus ihr Selbstvertrauen (vgl. Tillmann 2006: 151 ff.). Insgesamt wird die Auslese- und Platzierungsfunktion von den Schülern aber anerkannt.

Für Schüler ist die Schule meist nur Mittel zum Zweck. Abschlusszeugnisse bilden einen Tauschwert für den Übertritt ins Erwachsenenleben. Lerninhalte werden für eine erfolgreiche Leistung instrumentalisiert. Die in der Schule erworbenen Kompetenzen werden durch die Schüler nur mittelbar wahrgenommen (vgl. Hurrelmann 2004: 90 ff.).

Zusammenhang zwischen erreichten Schulabschüssen und sozialer Herkunft

Die Abhängigkeit von sozialer Herkunft und erreichtem Schulabschluss wird in der Abbildung 20 deutlich.

	Jugendliche im Alter von 12 bis 25 Jahren, die noch zur Schule gehen (N = 2 500), %-Angaben					
	Gesamt	Unter-schicht	untere Mittel-schicht	Mittel-schicht	obere Mittel-schicht	Ober-schicht
Abgang ohne Abschluss	3	12	2	1	3	1
Hauptschul-abschluss	23	53	32	19	11	6
Realschul-abschluss	37	25	44	46	26	23
Fachhoch-schulreife	6	–	5	7	9	9
Abitur / fachge-bundene Hochschulreife	31	10	17	27	51	62

Abbildung 20: Zusammenhang von Schulabschluss und sozialer Herkunft

Das Schulsystem ist nicht in der Lage, dieses Abhängigkeitsverhältnis aufzulösen. Beispielsweise erwerben zirca 37 Prozent der Jugendlichen einen Bildungsabschluss, der zu einem Studium an einer Fachhochschule oder Universität berechtigt. Betrachtet man aber die Verteilung nach dem Kriterium der sozialen Herkunft, wird ersichtlich, dass 71 Prozent oder 60 Prozent der Jugendlichen, die eine Hochschulzugangsberechtigung erwerben, zur Oberschicht und oberen Mittelschicht gehören. Jedoch nur 10 Prozent aus der Unterschicht und 22 Prozent aus der unteren Mittelschicht stammende Schüler erreichen ein adäquates Bildungszertifikat. Daraus ergeben sich für die Jugendlichen aus unteren sozialen Schichten Einschränkungen in ihrer späteren Berufswahl. Dies wiederum bedingt schlechtere Chancen auf dem Arbeitsmarkt (vgl. Hurrelmann 2004, S. 85 ff.).

Aus beiden Problemfeldern wird deutlich, dass sich Schule als Institution und Lehrer im Besonderen der Verantwortung für die weitere Lebensgestaltung der Heranwachsenden bewusst sein müssen.

■ 3.2.7 Gelingende schulische Sozialisation

Gelingende schulische Sozialisation hängt von zahlreichen Voraussetzungen ab, von denen exemplarisch zwei Aspekte genannt werden.

Schule als funktionierendes gesellschaftliches Subsystem

Schule kann nicht besser sein als die Gesellschaft, deren Kinder sie erzieht. Jedoch kann Schule als Subsystem der Gesellschaft vorbildhaft im Sozialisationsprozess wirken. Dies betrifft das Kommunikations- und Interaktionsverhalten von Lehrenden und Lernenden sowie allen sonstigen an schulischen Prozessen beteiligten Personen und Institutionen. Die Demokratisierung von Schule ist damit oberstes Ziel aller schulischen Sozialisationsprozesse.

Schule als Beratungsinstitution im Sozialisationsprozess

Lehrer können durch professionelle Beratung in der Schule einen entscheidenden Beitrag dazu leisten, die Sozialisation von Heranwachsenden unter institutionalisierten Bedingungen erfolgreicher zu gestalten. Dies betrifft unter anderem Verhaltensschwierigkeiten von Schülern, Konflikte zwischen Kollegen oder mit Eltern, aber auch Schullaufahnberatungen und individuelle Lernberatung. Gerade im Bereich der individuellen Lernberatung müssen fachliche sowie strategische und psychologische Elemente in die Beratung einfließen. Der Schüler wird dadurch befähigt, seinen eigenen Lernstil und seine Arbeitseinstellung zu finden und so bessere schulische Leistungen zu erreichen (vgl. Gudjons 2005: 7). Weiterhin scheint es, als könnten familiäre Schwierigkeiten mit einer gezielten Lern- und Schullaufbahnberatung kompensiert und Nachteile einzelner Jugendlicher im Sozialisationsprozess ausgeglichen werden (vgl. Grewe 2005; vgl. Gudjons 2005).

■ **Checkliste für das Theorie-Praxis-Verhältnis: Kompetenzen Sozialisation**

Für die zu führenden Beratungsgespräche zwischen dem Mentor und dem Praktikanten kann der Mentor anhand der folgenden Checkliste die bestehenden Kompetenzen des Praktikanten und dessen Theorie-Praxis-Verhältnis einschätzen. Diese Einschätzung ist als Ausgangspunkt für die weiteren Beratungsgespräche zu nutzen (vgl. Kapitel 3.1: Beratung).

■ **Weiterführende Literatur**

Hurrelmann, Klaus: Einführung in die Sozialisationstheorie. Über den Zusammenhang von Sozialstaat und Persönlichkeit. Weinheim 2006.

Hurrelmann, Klaus: Lebensphase Jugend. Eine Einführung in die sozialwissenschaftliche Forschung. Weinheim 2005.

Tillmann, Klaus-Jürgen: Sozialisationstheorien. Eine Einführung in den Zusammenhang von Gesellschaft, Institution und Subjektwerdung. Reinbek 2006.

19. Checkliste für den Mentor: Kompetenzen Sozialisation

Kompetenzen	Ausprägung				
	++	+	o	-	- -
Der Praktikant ... kennt die gesellschaftlichen Rahmenbedingungen der Sozialisation.					
... reflektiert über die gesellschaftlichen Rahmenbedingungen der Sozialisation.					
... wendet sein Wissen über die Rahmenbedingungen der Sozialisation an.					
... kennt die Prozesse der Entwicklung.					
... reflektiert die Prozesse der Entwicklung.					
... wendet sein Wissen über die Entwicklungsprozesse an.					
... kennt zielgerichtete Maßnahmen der Erziehung.					
... reflektiert zielgerichtete Maßnahmen der Erziehung.					
... wendet sein Wissen über zielgerichtete Maßnahmen der Erziehung an.					
... kennt Phasen der Sozialisation.					
... reflektiert Phasen der Sozialisation.					
... wendet sein Wissen über die Phasen der Sozialisation an.					
... kennt die Funktionen der Familie.					
... reflektiert die Funktionen der Familie.					
... wendet sein Wissen über die Funktionen der Familie an.					
... kennt die Sozialisationsfunktionen der Schule.					
... reflektiert über die Sozialisationsfunktionen der Schule.					
... wendet sein Wissen über die Sozialisationsfunktionen der Schule an.					
... kennt wesentliche Problemfelder der Sozialisation in der Schule.					
... reflektiert wesentliche Problemfelder der Sozialisation in der Schule.					
... wendet sein Wissen über die Problemfelder der Sozialisation in der Schule an.					

 in Textverarbeitung öffnen

Arbeitsblätter: Schulpädagogik
Lehrerausbildung in der Schule

3.3 Lernen

Begriffsbestimmung Lernen
und Lerntheorien   S. 84

Der Behaviorismus – Lernen durch
Verstärkung   S. 86

Der Kognitivismus – Lernen durch
Einsicht und Erkenntnis   S. 91

Der Konstruktivismus ...   S. 95

Hirnforschung
und Lerntheorien   S. 96

Checkliste für den Mentor ...
Lernpsychologie   S. 100

■ 3.3.1 Begriffsbestimmung Lernen und Lerntheorien

Studierende haben im ersten Teil ihres Studiums mit Sicherheit eine Reihe von Lehrveranstaltungen zu Lernpsychologie, zu Lerntheorien sowie zu neueren Erkenntnissen der Hirnforschung und deren didaktisch-methodischen Implikationen besucht. Dieses theoretisch erworbene Wissen muss nun in den praktischen Phasen der Lehrerbildung anwendbar gemacht und deshalb so oft als möglich in die Theorie-Praxis-Reflexion des beobachteten oder selbst gestalteten Unterrichts einbezogen werden.

Aus diesem Grund werden im folgenden Kapitel die zu erwartenden Theoriebestände in der gebotenen Kürze überblicksartig dargestellt.

Aufgabe zur Diagnose des Vorwissens des Praktikanten:

Definieren Sie den Begriff „Lernen" und erläutern Sie Ihnen bekannte Lerntheorien.

Lernen als zentraler Begriff der Didaktik

„Lehren" und „Lernen" sind die zentralen Begriffe jeder didaktischen Theorie (vgl. Kapitel 3.4).

Dass Menschen lernen und dass sie belehrt werden können, ist seit langem bekannt. Aber: Lehren bewirkt nicht automatisch Lernen. Wie Lernen abläuft und was Lernen eigentlich ist, war lange Zeit unbekannt. Problematisch ist dabei vor allem, dass man nur Ergebnisse des Lernens (Handlungen, Produkte, Einstellungen, etc.), nie jedoch den Lernprozess selbst wahrnehmen kann. Lernen lässt sich auch nicht immer auf Lehrprozesse zurückführen; es findet auch beiläufig und unbeabsichtigt statt. Theorien darüber, wie Menschen lernen, haben didaktische Konzepte wohl seit Beginn des didaktischen Denkens beeinflusst. Viel stärker noch haben sich lerntheoretische Annahmen jedoch in fachdidaktischen Diskussionen abgebildet. Als Beispiel sei hier der Fremdsprachenunterricht angeführt, wo behavioristische Grundpositionen. (vgl. Kap. 3.3.2) sich sehr deutlich in Konzepten wie der audiolingualen oder der audiovisuellen Methode der 1940er bis 1960er-Jahre widerspiegelten.

Lernen – ein Definitionsversuch

Obwohl der Begriff „Lernen" sowohl in der Sphäre von Schule und Unterricht als auch im Alltagsgebrauch allgegenwärtig ist, lässt er sich offensichtlich definitorisch schwer fassen. Gibt man „Lernen" in eine gängige Computersuchmaschine ein, so wird man von der Fülle der Definitionen geradezu erschlagen. Fragt man praktizierende Lehrer, erhält man meist die Antwort, Lernen sei das Aufnehmen, Verarbeiten und Speichern von Informationen. Dieser Definitionsversuch rekurriert auf ein unter Pädagogen offensichtlich populäres lerntheoretisches Grundmodell. Diese Sichtweise wird der Komplexität der Lernprozesse jedoch nicht gerecht. Eine weiter gefasste Definition lässt uns mehr theoretischen Spielraum und soll an dieser Stelle präferiert werden: „Lernen umfasst alle Verhaltensänderungen, die aufgrund von Erfahrungen zustande kommen" (Lefrancois 1976: 3). Diese Definition ist die wohl umfassendste und wird in den folgenden Abschnitten vor dem Hintergrund der jeweiligen Lerntheorie zu spiegeln sein.

Lernen und Lerntheorien

Da man sich dem Vorgang des Lernens aus völlig unterschiedlichen Denkansätzen heraus nähern kann, gibt es eine Vielzahl von Theorien. Lerntheorien sind von Lernpsychologen entwickelte Modelle und Hypothesen, die versuchen, den komplexen Vorgang des Lernens psychologisch zu erfassen, zu beschreiben und mit möglichst einfachen Prinzipien und Regeln zu erklären. Mit Hilfe empirischer Forschung wurden und werden solche Theorien dann auf ihren Gehalt und ihre Richtigkeit überprüft. Drei grundlegende Positionen spielten und spielen dabei eine besondere Rolle:

1. der Behaviorismus
2. der Kognitivismus
3. der Konstruktivismus

Alle drei Positionen liefern praktikable Theorieansätze zum Beschreiben und Erklären von Lernprozessen; alle drei Grundpositionen haben nebeneinander ihre Berechtigung. Ein allgemeingültiges, umfassendes und ausschließliches Modell der Erklärung menschlichen Lernens gibt es nicht. Vielmehr gilt es, jeweils zweckorientiert die richtige Mischung der relevanten Aspekte aller Theorien für die Reflexion und Gestaltung von Lehr- und Lernprozessen zu nutzen.

Im folgenden Abschnitt sollen kurz wichtige behavioristische, kognitivistische und konstruktivistische Ansätze sowie ihre jeweiligen didaktisch-methodischen Implikationen vorgestellt werden.

■ 3.3.2 Der Behaviorismus – Lernen durch Verstärkung

Im Zentrum behavioristischer Lerntheorien steht das sichtbare und erfassbare, von außen zu steuernde Verhalten (behavior) des Individuums, wobei der Mensch primär als das Produkt seiner Umwelt gesehen wird. Der Lernende selbst wird als „black box" betrachtet, d. h. die im Lernenden ablaufenden internen mentalen Prozesse interessieren nicht.

Die Vertreter des Behaviorismus gehen davon aus, dass durch geeignete Reize und die Verstärkung erwünschten Verhaltens (Belohnung) bzw. durch Unterdrückung unerwünschten Verhaltens (Bestrafung) jede gewünschte Reaktion hervorgerufen werden kann. Sobald sich eine Reiz-Reaktions-Kette aufgebaut hat, ist ein Lernprozess zu Ende. Bei komplexeren Aufgaben und Inhalten gilt es, diese lernförderlich zu portionieren und in eine für den Lernenden vermeintlich optimale Reihenfolge zu bringen.

INPUT	BLACK-BOX	OUTPUT
Reiz, Stimuli	Der interne Zwischenschritt wird ignoriert.	Reaktion, Verhalten
S		**R**

Abbildung 21: Behavioristisches Lernverständnis

Zu den im Folgenden beschriebenen wichtigsten behavioristischen Lerntheorien gehören das Klassische Konditionieren nach Pawlow, Watson und anderen, das Operante Konditionieren nach Skinner, Hulls Theorie der Intervenierenden Prozesse, Hebbs Pseudobehaviorismus und Tolmans Zielgerichteter Behaviorismus.

Das Klassische Konditionieren

Wesentliche Erkenntnisse über die Grundlagen des Lernens erlangte der russische Physiologe Iwan Petrowitsch Pawlow (1849 – 1936). Während Studien zur Verdauung bei Hunden fiel Pawlow auf, dass einige seiner Laborhunde nicht erst beim Anblick des verabreichten Futters zu speicheln begannen, sondern schon beim Anblick des Tierpflegers. Auf der Grundlage dieser Beobachtung entwickelte Pawlow seine Versuchsanordnung (vgl. Abb. 22).

Abbildung 22: Das Klassische Konditionieren

Die Darbietung eines unkonditionierten Reizes (Futter) führt zu einer unkonditionierten Reaktion (Speichelproduktion). Ein anderer, neutraler Reiz (Glockenton, Lichtreiz) bewirkt keine Reaktion. Werden nun mehrere Male der unkonditionierte Reiz und der neutrale Reiz gleichzeitig gegeben, so löst nach einiger Zeit der ehemals neutrale Reiz allein die Reaktion aus. Der neutrale Reiz ist zum konditionierten Reiz geworden und löst nun eine konditionierte Reaktion aus.

Auch beim Menschen gelang es, unter anderem Reflexe wie Blinzeln, Speichelfluss, Atemreaktion oder den elektrischen Hautwiderstand zu konditionieren (vgl. Winkel / Petermann / Petermann 2006: 92). Beim Menschen können jedoch nicht nur einfache physiologische Reaktionen konditioniert werden, sondern auch höhere Körperfunktionen. So gelang es dem amerikanischen Psychologen John Broadus Watson (1878–1958) in einem recht umstrittenen Versuch nachzuweisen, dass auch emotionale Reaktionen beim Menschen zu konditionieren sind: Der etwa einjährige Albert, der zunächst offen und zutraulich auf weiße Ratten zuging, sie anfasste und streichelte, wurde über einen Zeitraum immer genau dann einem unangenehmen Geräusch ausgesetzt, wenn man ihm eine weiße Ratte zeigte. Nach einiger Zeit genügte schon der Anblick der Ratte, um bei dem Jungen Angst und Fluchtverhalten auszulösen. Negative emotionale Reaktionen auf Reize können jedoch gezielt gegenkonditioniert werden, d. h. durch neue entgegengesetzt gerichtete Konditionierung wird die ursprüngliche Reiz-Reaktions-Kette gelöst (verlernt) und eine neue Reaktion konditioniert.

Der Psychologe Edwin Guthrie (1886–1959) zeigte dafür drei Möglichkeiten auf: die Ermüdungsmethode, die Methode der inkompatiblen Reize und die Schwellenmethode. Bei der Ermüdungsmethode wird der Reiz, der die unerwünschte Reaktion auslöst, so lange dargeboten, bis der Organismus so ermüdet oder gelangweilt ist, dass die Reaktion nicht mehr erfolgt. Die zweite Methode (inkompatible Reize) besteht darin, dass der Reiz dargeboten und die Reaktion verhindert wird; und zwar so lange, bis die Reaktion nicht mehr erfolgt. Bei der Schwellenmethode werden abgeschwächte Formen des Reizes, die noch keine Reaktion auslösen, dargeboten. Die Intensität des Reizes wird dann langsam erhöht, so dass auch bei Erreichen des ursprünglichen reaktionsauslösenden Schwellenwertes keine Reaktion mehr erfolgt. Guthries Vorschläge finden sich noch heute in der modernen Verhaltenstherapie wieder.

Edward Lee Thorndike (1874–1949) untersuchte ebenfalls in Tierversuchen grundlegende Prinzipien des Lernens. Er formulierte drei wesentliche Gesetze, die sein Modell des Lernens am Erfolg untersetzen: das Gesetz der Übung, das Gesetz der Wirkung und das Gesetz der Bereitschaft. Das Gesetz der Übung besagt, dass Reiz-

Reaktions-Verbindungen intensiver werden, wenn man sie häufig und in kurzen Abständen wiederholt. Das Gesetz der Wirkung sagt aus, dass Reaktionen, die zu einem befriedigenden Zustand führen, häufiger wiederholt werden. Im Gesetz der Bereitschaft hielt Thorndike fest, dass ein Lebewesen nur dann etwas lernt, wenn eine Lernbereitschaft, also ein Lernbedürfnis vorhanden ist. Thorndikes Lernmodell wird als ein Übergangsmodell vom Klassischen zum Operanten Konditionieren angesehen.

Das Operante Konditionieren

Beim Modell des Operanten Konditionierens wird das Augenmerk primär auf die Konsequenzen von Verhaltensweisen gerichtet. Der führende Vertreter dieser lernpsychologischen Richtung war Burrhus Frederic Skinner (1904–1990).
Unter Operantem Konditionieren versteht man die Veränderung des Verhaltens durch Verstärkung oder Bestrafung. Skinner führte seine Versuche hauptsächlich mit Ratten in einer speziellen Versuchsanordnung, der so genannten Skinner-Box (vgl. Abbildung 23) durch.

Abbildung 23: Skinner-Box

Wenn die Ratte auf ein bestimmtes Lichtsignal hin einen Hebel drückte, wurde sie mit einer Futterpille belohnt. Daraufhin drückte die Ratte den Hebel häufiger. Wenn also die Konsequenzen eines Verhaltens dazu führen, dass es künftig häufiger auftritt, spricht man von Verstärkung. Man unterscheidet dabei positive und negative

Verstärkung. Positive Verstärkung kann beim Tier z. B. durch Futter, beim Menschen auch durch Lob und Zuwendung erfolgen. Bei der negativen Verstärkung wird ein unangenehmer Reiz entfernt. Im Falle der Skinner'schen Versuchsanordnung wurde der Gitterrost der Box unter Strom gesetzt. Wenn die Ratte einen Hebel drückte, wurde der Strom unterbrochen. In Konsequenz drückte die Ratte den Hebel häufiger. Bei Bestrafung wird Verhalten unterdrückt oder beendet. Wenn die Ratte in der Box einen bestimmten Hebel drückte, wurde sie mit einem leichten Stromstoß bestraft. Die Bestrafung führte dazu, dass die Ratte den Hebel künftig mied. Skinners Prinzipien der positiven oder negativen Verstärkung sowie der Bestrafung lassen sich in Form von Lob und Tadel leicht auf den menschlichen Bereich übertragen und sind besonders bei Erziehungsprozessen relevant.

Intervenierende Prozesse

Auch Clark L. Hulls (1884–1952) Theorie der Intervenierenden Prozesse ist in ihrer Grundausrichtung behavioristisch, also auf Reiz-Reaktions-Schemata ausgerichtet. Hull diversifiziert jedoch sowohl die Qualität der auslösenden Reize (Input-Variablen) als auch der ausgelösten Reaktionen (Output-Variablen). Als Input-Variablen fasst Hull z. B. die Anzahl und Intensität der Reize, die Art und Anzahl der Verstärkungen, Art und Menge der Belohnung, etc. Output-Variablen nach Hull sind die Stärke der Reaktion, Latenzzeit, Dauer bis zur Löschung der Reiz-Reaktionskette, etc. Hull betont auch, dass Individuen auf die gleichen Reize je nach ihrer Disposition unterschiedlich reagieren können. Er nennt dies Intervenierende Variablen und fasst darunter die Gewohnheitsstärke, die Anreizmotivation, das Reaktionspotenzial und anderes mehr.

Der Pseudobehaviorismus

Donald Olding Hebb (1904–1985) beschreibt sein Modell selbst als pseudobehavioristisch, da er als Erster auf die neuronalen Strukturen des Gehirns eingeht; ein Konzept also, das in klassischen behavioristischen Theorien keine Rolle spielt. Hebb fragte sich, was im Zeitintervall zwischen wahrgenommenem Reiz und vollzogener Reaktion im Individuum vor sich geht. Sein Modell besagt, dass Reaktionen des Individuums auf sensorische Informationen (Reize) durch höhere geistige Prozesse (Denken) beeinflusst werden und dass Bahnungen zwischen Zellgruppierungen im Nervensystem, welche mehrmals gleichzeitig erregt werden, entstehen können. Diese Bahnungen sieht er als Repräsentation von zuvor unabhängigen Reizen an, über welche in der Folge die Reize miteinander assoziiert sind. Hebbs Modell verbindet Neurobiologie und Pawlows Modell des Klassischen Konditionierens.

Der zielgerichtete Behaviorismus

Die Theorie Edward Chace Tolmans (1886–1959) nimmt eine Position zwischen behavioristischen Theorien und kognitiven Konzepten ein. Tolman fand in seinen Tierversuchen heraus, dass Lernen auch dann stattfindet, wenn keine Verstärkung oder Bestrafung stattfindet (latentes Lernen). Die von ihm in ein Labyrinth gesetzten Ratten durften ziellos herumlaufen. Dass sie sich dabei trotzdem die räumlichen Zusammenhänge einprägten (so genannte kognitive Landkarten) zeigte sich darin, dass sie bei Darbietung eines Leckerbissens zielgerichtet den kürzesten Weg nahmen. Auf der Basis seiner Beobachtungen schlussfolgerte Tolman, dass Lernen auf drei Ebenen stattfindet: Lernen durch bedingte Reflexe, Lernen durch Versuch und Irrtum und Lernen durch Einsicht.

Didaktische Implikationen behavioristischer Lerntheorien

Allen behavioristischen Theorien gemein ist die Annahme, dass der Lernende von sich aus passiv ist, auf äußere Reize hin aktiv wird und in Reaktion tritt. Der Lehrende hat bei diesem Verständnis von Lernen die zentrale Rolle. Er ist derjenige, der geeignete Anreize setzt und Rückmeldungen auf die Schülerreaktionen gibt. Er greift mit seiner positiven oder negativen Rückmeldung stark steuernd in die Lernprozesse der Lernenden ein. Die didaktisch-methodische Aufgabe des Lehrenden besteht vor allem darin, die geeigneten Stimuli (Lernanreize) zu finden und die richtigen Verhaltensweisen in geeigneter Form zu verstärken.

■ 3.3.3 Der Kognitivismus – Lernen durch Einsicht und Erkenntnis

„Unter Kognition versteht man jene Vorgänge, durch die ein Organismus Kenntnis von seiner Umwelt erlangt. Im menschlichen Bereich sind dies besonders: Wahrnehmung, Vorstellung, Denken, Urteilen, Sprache. Durch Kognition wird Wissen erworben" (Edelmann 1995: 8). Kognitivistische Lerntheorien sehen den Lernenden als Individuum, das äußere Reize (Informationen) aktiv wahrnimmt, selbstständig bearbeitet und diese als Kognitionen (Erkenntnisse) abspeichert.

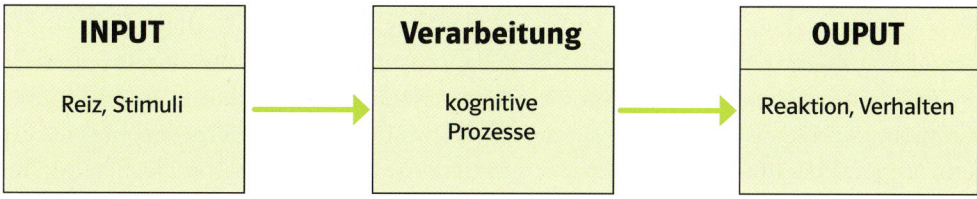

Abbildung 24: Kognitivistisches Lernverständnis

Lernen ist somit ein Prozess des Verstehens, der auf kognitiver Einsicht und aktiver Verarbeitung von Informationen beruht. Ziel kognitivistischer Lerntheorien ist, die dabei im Lernenden ablaufenden komplexen Prozesse zu untersuchen, zu verstehen und regelhaft zu beschreiben.

Zu den kognitivistischen Lerntheorien gehören die Lerntheorien der Gestaltspsychologen, die sozial-kognitiven Lerntheorien und die kognitiven Theorien Bruners und Piagets.

Die Gestaltpsychologie

Die Gestaltpsychologen versuchten, ein Verständnis von Lernen zu erreichen, indem sie subjektive Wahrnehmungen des Einzelnen nicht als Abbildung äußerer Reize verstehen. Ihren Theorien zu Folge werden Wahrnehmungen durch das Subjekt in prägnante Formen („gute Gestalten") gebracht. Diese bestimmen die Erinnerung. Problemlösen wird dann vorwiegend durch einen aktiven Prozess der gedanklichen Umstrukturierung erreicht. Zentrale Begriffe der Gestaltpsychologie sind Wahrnehmung, Einsicht und Problemlösen. Wolfgang Köhler (1887–1967), einer der wesentlichen Vertreter der Gestaltpsychologie, untersuchte auf Teneriffa in Experimenten mit Affen das Problemlöseverhalten als einen wesentlichen Aspekt kognitiven Lernens. Den Affen wurden dabei komplexe Aufgaben gestellt, die Köhlers Meinung nach durch Versuch und Irrtum allein nicht zu bewältigen waren (z. B. Stöcke ineinander stecken, um außer Reichweite befindliche Früchte zu erlangen). Da dies den Affen gelang, kam Köhler zu der Erkenntnis, dass das Problem durch Einsicht gelöst wurde. Einsicht bedeutet in gestaltpsychologischem Sinne das Herstellen eines nicht sofort offensichtlichen Zusammenhanges zwischen den einzelnen Elementen einer Gesamtsituation. Beim kognitiven Lernen werden also Wissensbestände erworben und Zusammenhänge zwischen Elementen einer Situation hergestellt.

Sozial-kognitives Lernen

Sozial-kognitive Lerntheorien untersuchen komplexe Lernvorgänge in sozialen Kontexten. Wichtige Lernmechanismen dabei sind das Lernen durch Verstärkung (operantes Konditionieren), aber auch das Lernen durch Beobachtung und Imitation. Lernen durch Beobachtung und Imitation ist im Tierreich weit verbreitet, aber auch beim menschlichen Lernen von größter Bedeutung. Der wohl bekannteste Vertreter sozial-kognitiver Lerntheorien ist Albert Bandura (* 1925). Bandura nahm an, dass menschliches Lernen auf drei verschiedene Arten stattfinden kann: durch direkte Erfahrungen (Klassisches und Operantes Konditionieren), durch symbolische Erfahrungen (Instruktion) und durch stellvertretende Erfahrungen (Beobachtung). Beobachtungslernen beinhaltet die Schritte Aufmerksamkeitszuwendung, Wahrnehmung, Speicherung im Gedächtnis, Einübung und Motivierung durch Verstärkung.

Bruners Theorie

Jerome Bruner (* 1915) interessierte sich besonders dafür, wie die in der Umwelt wahrgenommenen Objekte im Individuum repräsentiert werden. Bruners Theorie zufolge wird Wissen über die Welt in Konzepten und Kategorien abgebildet und organisiert. Konzepte sind dabei eine Verallgemeinerung einer Vielzahl konkreter Objekte. So wird z.B. nicht jeder einzelne jemals wahrgenommene Apfel mental repräsentiert, sondern der „Apfel" als verallgemeinertes Konzept mit einer Reihe spezifischer Eigenschaften. Kategorien sind hierarchisch geordnete Aspekte eines Konzeptes; „Apfel" ist z.B. eine Kategorie des Konzeptes „Kernobst". „Kernobst" ist wiederum aber auch eine Kategorie des Konzeptes „Obst". Lernen im Sinne Bruners bedeutet die Entwicklung von Konzepten und Kategorien durch das Individuum. Dabei geht das lernende Individuum zielgerichtet vor und bringt (häufig unbewusst) unterschiedliche Strategien zur Anwendung. Das Ergebnis kognitiven Lernens nach Bruner ist semantisches (deklaratives) Wissen über die Welt, das als Netzwerk von Konzepten und Begriffen mental repräsentiert ist.

Das Entwicklungsstufenmodell nach Jean Piaget

Auch Jean Piaget (1896–1980) befasste sich mit der Erfassung und Beschreibung geistiger Repräsentationen. Allerdings galt Piagets Hauptinteresse der Frage, wie Kinder ein Verständnis von ihrer Umwelt und von sich selbst erwerben. Nach Piaget ist der Erwerb von Wissen ein Entwicklungsprozess, der durch die Auseinandersetzung mit der Umwelt ermöglicht wird. Piaget beschreibt vier Stadien, die Kinder in ihrer Entwicklung durchlaufen. Jedes Entwicklungsstadium ist durch charakteristische Denkstrukturen gekennzeichnet (vgl. Lefrancois 1976: 130 ff.):
1. Sensumotorisches Stadium (ca. 0–2 Jahre)
2. Präoperationales Stadium (ca. 2–7 Jahre)
3. Stadium der konkreten Operationen (ca. 7–11/12 Jahre)
4. Stadium der formalen Operationen (ca. 11/12–14/15 Jahre)
Die Stadien folgen immer und in jeder Kultur aufeinander. Allerdings gibt es interindividuelle Unterschiede bezüglich der Relation von Lebensalter und Entwicklungsstadium.

Folgende Merkmale sieht Piaget als für die jeweiligen Stadien wesentlich an:
Die sensumotorische Phase: Das Kind ist zunächst im Ich und Hier und Jetzt befangen, es nimmt außer sich selbst und seiner unmittelbaren Umgebung nichts wahr. Es beherrscht nur einfache Reflexe. Durch zufällige Kombination von Reflexen bilden sich dann Reaktionsmuster heraus. Im Alter von etwa 4 bis 8 Monaten entwickeln sich erste Reaktionen auf Umweltreize. Im Alter zwischen 8 und 12 Monaten bildet

sich zielgerichtetes Verhalten in Bezug auf die Umwelt (Gegenstände und Personen) heraus. Ab einem Alter von 12 Monaten entwickelt das Kind zielgerichtetes Versuch-und-Irrtum-Verhalten, die physische Ich-Befangenheit wird aufgegeben. Gegen Ende dieses Stadiums beginnt das Kind, Sprache zu erwerben.

Die präoperationale Phase: Sensumotorische Aktivitäten werden durch das Kind nun immer stärker durch geistige Aktivitäten ersetzt. Im Alter von 2 bis 4 Jahren hat das Kind die Fähigkeit erworben, Gegenstände und Personen mental zu repräsentieren. Es ist aber noch nicht in der Lage, Gegenstände und Personen zu klassifizieren. Von 4 Jahren an entwickelt das Kind zunehmend stark durch Wahrnehmungen gesteuertes anschauliches Denken. Der Egozentrismus des Kindes bleibt im präoperationalen Stadium weiterhin erhalten; alles wird in Bezug auf das Ich gesehen. Das Kind in dieser Entwicklungsphase überträgt die eigene Weltsicht unreflektiert auf andere und meint, alle müssten so wahrnehmen, fühlen, wollen, etc. wie es selbst.

Die Phase der konkreten Operationen: In diesem Entwicklungsstadium lernt das Kind, mit Klassen, Zahlen und Serien (logischen Reihen) umzugehen. Das Kind kann zunehmend auf der Ebene der konkreten Operationen (wirklich vorhandene Objekte) Denkprozesse vollziehen. Abstrakte Denkprozesse sind in diesem Stadium noch nicht möglich.

Die Phase der formalen Operationen: In dieser Phase ist das Kind zunehmend in der Lage, nicht nur über konkrete Dinge, sondern auch über Abstraktionen und über Gedanken (Hypothetisches) nachzudenken.

Piagets Theorie hatte und hat großen Einfluss in Pädagogik und Psychologie, neuere Theorien und Befunde zur kognitiven Entwicklung relativieren Piagets Stadienkonzept jedoch. Es gibt zahlreiche Hinweise darauf, dass komplexere Denkoperationen bereits früher als von Piaget angenommen vollzogen werden können (vgl. Krapp / Weidenmann 2006: 131).

Didaktische Implikationen kognitivistischer Lerntheorien

Lernen ist nach kognitivistischen Erklärungsansätzen in erster Linie Informationsaufnahme, Informationsverarbeitung und Informationsspeicherung. Entscheidend für den erfolgreichen Lernprozess ist die didaktisch-methodische Aufbereitung und Präsentation der Lerninhalte (Stoff) und der sachlichen Problemstellungen (Aufgaben). Die Rolle des Lernenden wird aufgewertet, da er aktiv anhand der vorgegebenen Problemstellungen Lösungswege beschreitet, dabei Erkenntnisse gewinnt und sein Wissen vergrößert. Trotzdem kommt dem Lehrer die zentrale Bedeutung im Lehr-Lernprozess zu. Er wählt Informationen aus, bereitet sie auf und stellt sie zur Verfügung. Er gibt Problemstellungen vor und unterstützt die Lernenden beim Bearbeiten der Informationen.

3.3.4 Der Konstruktivismus – Lernen durch Erfahren, Erleben und Interpretieren

Aus konstruktivistischer Sicht ist Lernen ein aktiver Prozess der Wissenskonstruktion, bei dem Informationen aufgenommen und interpretiert werden und sich dann als individuell repräsentiertes Konstrukt beim Lerner manifestieren. Die Umwelt und Weltsicht sind also keine festen Konzepte, sondern werden durch jedes Individuum anders wahrgenommen und interpretiert. Seit Ende der 70er-Jahre gewinnen konstruktivistische Positionen in der Lernpsychologie im Zusammenhang mit neuen Forschungsergebnissen aus der Hirnforschung, Neurobiologie, Systemtheorie und Kognitionspsychologie zunehmend an Bedeutung.

Konstruktivistisch orientierte Lerntheorien sind kognitionspsychologisch fundiert und korrespondieren mit der philosophischen Erkenntnistheorie des Konstruktivismus. Einige grundlegende Annahmen, die konstruktivistisch orientierten Lerntheorien zugrunde liegen, fasst Wolff (vgl. 1997: 107) folgendermaßen zusammen:

- Es kann nur das verstanden und gelernt werden, was sich mit bereits vorhandenem Wissen verbinden lässt.
- Die eingesetzten Konstruktionsprozesse sind individuell verschieden; deshalb sind auch die Ergebnisse von Lernprozessen nicht identisch.
- Wissen ist immer „subjektives" Wissen, das sich selbst für Lernende, die im gleichen sozialen Kontext lernen, beträchtlich unterscheiden kann.
- Neues Wissen impliziert die Umstrukturierung bereits vorhandenen Wissens. Der soziale Kontext, die soziale Interaktion sind (insofern) beim Lernenden von ausschlaggebender Bedeutung.
- Weil die Konstruktion von neuem Wissen an bereits vorhandenes Wissen angebunden ist, müssen Lernprozesse in reiche und authentische Lernumgebungen eingebettet werden.
- Von besonderer Bedeutung ist das Prinzip der Selbstorganisation. Der Mensch als in sich geschlossenes System organisiert sich selbst und organisiert damit für sich die Welt.

Didaktische Implikationen konstruktivistischer Lerntheorien

Konstruktivistische Lerntheorien sehen den Lernprozess als Prozess der individuellen Konstruktion von Wissen. Der Lerner steht bei diesen Theorien im Mittelpunkt. Der Schwerpunkt beim Lernen liegt nicht auf der gesteuerten und kontrollierten Vermittlung von Inhalten, sondern beim individuell ausgerichteten selbst organisierten Bearbeiten von Themen. Der Lerner erarbeitet sich selbstständig Informationen; reflektiert mögliche Probleme und löst diese. Die Rolle des Lehrenden ist die eines Lernbegleiters (coach), der eigenverantwortliche und soziale Lernprozesse erleichtert und unterstützt.

■ 3.3.5 Hirnforschung und Lerntheorien

Neuere Untersuchungsergebnisse der Hirnforschung führen zunehmend empirische Befunde in die lerntheoretische Diskussion ein. Allerdings sehen selbst führende Hirnforscher den Neuigkeitswert dieser Erkenntnisse realistisch: „Ich möchte eines – dreimal unterstrichen – betonen: Nichts von dem, was ich vortragen werde, ist einem guten Pädagogen inhaltlich neu. Der Erkenntnisfortschritt besteht vielmehr darin, dass man inzwischen besser zeigen kann, warum das funktioniert, was ein guter Pädagoge tut, und das nicht, was ein schlechter tut. Nur so können bessere Konzepte des Lernens und Lehrens entwickelt werden, (…). Die Hirnforschung kann Hilfestellung leisten, aber die Pädagogik nicht ersetzen" (Roth 2006: 54).

Didaktische Implikationen der neueren Erkenntnisse der Hirnforschung

Die Hirnforschung bestätigt in vielen Bereichen Aspekte sozial-kognitiver und konstruktivistischer Lerntheorien, so z. B. die Feststellung, dass Wissen nicht übertragen werden kann, sondern im Gehirn eines jeden Lernenden in sozialen Kontexten neu erworben wird. Eine weitere wichtige Prämisse ist, dass Lernen stets unter bestimmten Rahmenbedingungen stattfindet und durch Faktoren gesteuert wird, die häufig unbewusst ablaufen und deshalb schwer beeinflussbar sind.

Eine Reihe durch die Hirnforschung hervorgehobener Faktoren für erfolgreiches Lernen sind die folgenden:

Motiviertheit und Glaubhaftigkeit des Lehrenden

Neurowissenschaftler bestätigen, dass auch im schulischen Unterricht der sinnvollen Gestaltung zwischenmenschlicher Beziehungen eine entscheidende Bedeutung zukommt.

„Die Möglichkeit zur gelungenen sozialen Interaktion basiert auf der Funktion der Spiegelneurone. […] Nur bei Lehrern, welche die Balance zwischen Verstehen und Führen richtig beherrschen, zeigen Schüler Resonanz und reagieren ihrerseits mit Anerkennung und Lernbereitschaft. Aus der Funktion und Wirkungsweise der Spiegelzellen ergibt sich auch ein pädagogisch-didaktisches Plädoyer für das viel diskutierte Lernen am Modell. Spiegelneurone beziehen sich auf das Verstehen von Handlungsstrukturen: man beobachtet eine Handlung und kann diese mittels der Spiegelzellen nachvollziehen und intuitiv erfassen. […] Kinder, auch Schüler, brauchen daher die persönliche Beziehung und das Vorbild des Pädagogen" (Bauer 2006: 47).

Berücksichtigung der individuellen kognitiven und emotionalen Lernvoraussetzungen der Schüler

Lernprozesse laufen in jedem Menschen anders ab und sind wahrscheinlich hochgradig prädisponiert. Regeln und Muster werden durch unser Gehirn nicht als Regeln und Muster gelernt. Vielmehr abstrahiert unser Hirn aus vielen wiederkehrenden Beispielen und modellhaften Situationen das jeweils Allgemeine im Konkreten und verdichtet dieses zu Regeln und Mustern. Jeder Mensch verarbeitet dabei spezifische Inputmuster interindividuell unterschiedlich. Ein breit angelegtes Spektrum an Methoden und Unterrichtsverfahren erhöht also die Wahrscheinlichkeit einer multiplen Kodierung (breite neuronale Repräsentanz) der Lerngegenstände im Hirn. Wenn der Lerngegenstand an unterschiedlichen Stellen des Gehirns neuronale Repräsentationen aufweist, ist er leichter und über unterschiedliche Zugänge zu erinnern.

Die allgemeine Motiviertheit und Lernbereitschaft der Schüler

Der Hippocampus ist der „Neuigkeitsdetektor" unseres Hirns. „Hat der Hippocampus eine Sache als neu und interessant bewertet, dann macht er sich an eine Speicherung; d. h. er bildet eine neuronale Repräsentation von ihr aus. Daraus folgt, dass eine Sache vergleichsweise neu und interessant sein muss, damit unsere schnell lernende Hirnstruktur sie aufnimmt bzw. ihre Aufnahme unterstützt" (Spitzer 2003: 34). Auch das Ausmaß des Behaltens von aufgenommenen Informationen ist abhängig von Aufmerksamkeitsprozessen: „Der Grund aus neurobiologischer Sicht ist ein zweifacher, denn mit Aufmerksamkeit sind zwei Prozesse gemeint, erstens die allgemeine Wachheit (Vigilanz) und zweitens die selektive Aufmerksamkeit auf einen bestimmten Ort, Aspekt oder Gegenstand der Wahrnehmung. Während Vigilanz die Aktivierung des Gehirns überhaupt betrifft, bewirkt die selektive Aufmerksamkeit eine Zunahme der Aktivierung genau derjenigen Gehirnareale, welche die jeweils aufmerksam und damit bevorzugt behandelte Information verarbeiten. [...] Daraus lässt sich ableiten, dass der Effekt der zusätzlichen Aktivierung von Gehirnarealen durch die selektive Aufmerksamkeit eine wesentliche Rolle bei der Einspeicherung von Gedächtnisinhalten hat" (Spitzer 2003: 155 f.).

Die spezielle Motiviertheit der Schüler für einen bestimmten Stoff

Unser Gehirn lernt unablässig, weil es angesichts der stetigen Flut von Informationen und dem Zwang zur Ordnung und Strukturierung auch gar nicht anders kann. Es speichert und organisiert aber nur bedeutungsvolle und deshalb wichtige Informationen: „Im Hinblick auf das Lernen in der Schule oder an der Universität folgt, dass es nicht darum gehen kann, stumpfsinnige Regeln auswendig zu lernen. Was Kinder brauchen, sind Beispiele. Sehr viele Beispiele und wenn möglich die richtigen und gute Beispiele. Auf die Regeln kommen sie dann schon selbst. Jedoch selbst dann, wenn es vermeintlich darum geht, eine Regel zu lernen, sind Beispiele wichtig. Nur dann, wenn die Regel immer wieder angewendet wird, geht sie vom expliziten und sehr flüchtigen Wissen im Arbeitsgedächtnis in Können über, das jederzeit wieder aktualisiert werden kann" (Spitzer 2003: 78).

Die Bedeutung des Schlafs für das Lernen

Auch die alte Erfahrung, dass ausgewogener Schlaf als Voraussetzung für gelingendes Lernen große Bedeutung hat, wird durch die Neurowissenschaft bestätigt: „Wer sich den Schlaf raubt, um zu lernen, der stört den im Kopf eingebauten Lehrmeister bei der Arbeit, d. h. beim nächtlichen Repetieren dessen, was tagsüber gelernt wurde. Jeder Lernende sollte durch einen vernünftigen Lebensrhythmus Sorge dafür tragen, dass der natürliche Schlaf, insbesondere die fein abgestimmte Folge der Schlafphasen – die Schlafarchitektur – nicht gestört wird. […] Das geordnete Wechselspiel von Tiefschlaf und Traumschlaf dient dem Transfer und der Off line Verarbeitung von neu erlernten Inhalten. […] Aus der Sicht der Datenverarbeitung geht es sicherlich um das Kopieren, Komprimieren, Umkodieren, Sortieren, Assoziieren und Gruppieren von Daten. […] In psychologischer Hinsicht werden die Konsolidierung von Gedächtnisinhalten, deren emotionale Neubewertung sowie das Ausbilden neuer Verknüpfungen als Funktionen des Schlafs diskutiert" (Spitzer 2003: 132 f.).

Die Rolle von Emotionen im Lehr- und Lernkontext

Es konnte nachgewiesen werden, dass der emotionale Zustand des Lernenden beim Lernprozess maßgeblichen Einfluss auf Lern- und Behaltensleistung hat: „So wurden diejenigen Wörter am besten erinnert, die in einem positiven emotionalen Kontext eingespeichert wurden" (Spitzer 2003: 165 f.).

Aus den vorstehenden Ausführungen wird deutlich, dass die Neurowissenschaften derzeit eine Vielzahl von unterschiedlichen lerntheoretischen Modellen aufs Neue untersucht und in vielen Bereichen deren Erkenntnisse bestätigt. Generell bleibt festzustellen, dass wir hier am Anfang eines Prozesses stehen.

Für die Einschätzung der Kompetenzen des Mentee im Bereich der Lernpsychologie empfiehlt sich der folgende Einschätzungsbogen als pragmatisches Instrumentarium. Auch für eventuell zu führende Beratungsgespräche zwischen Mentor und Praktikanten (vgl. Kapitel 3.1: Beratung) kann die Checkliste Ausgangspunkt und Leitfaden darstellen.

■ Weiterführende Literatur

Edelmann, W.: Lernpsychologie. Weinheim 1995.

Lefrancois, Guy R.: Psychologie des Lernens. Berlin 1976.

Winkel, Sandra / Petermann, Franz / Petermann, Ulrike: Lernpsychologie. Paderborn 2006.

20. Checkliste für den Mentor: Kompetenzen Lernpsychologie

Kompetenzen	Ausprägung				
	++	+	o	-	- -
Der Praktikant ... kennt behavioristische Lerntheorien.					
... reflektiert Unterricht anhand behavioristischer Lerntheorien.					
... wendet sein Wissen über behavioristische Lerntheorien im Unterricht an.					
... kennt kognitivistische Lerntheorien.					
... reflektiert Unterricht anhand kognitivistischer Lerntheorien.					
... wendet sein Wissen über kognitivistische Lerntheorien im Unterricht an.					
... kennt konstruktivistische Lerntheorien.					
... reflektiert Unterricht anhand konstruktivistischer Lerntheorien.					
... wendet sein Wissen über konstruktivistische Lerntheorien im Unterricht an.					
... kennt neuere Erkenntnisse der Neurowissenschaften.					
... reflektiert Unterricht anhand neuerer Erkenntnisse der Neurowissenschaften.					
... wendet sein Wissen über neuere Erkenntnisse der Neurowissenschaften im Unterricht an.					

▶ in Textverarbeitung öffnen

© Ernst Klett Verlag GmbH, Stuttgart 2008.
Alle Rechte vorbehalten. ISBN 978-3-12-924458-6

3.4 Didaktik

■ 3.4.1 Didaktik – der Grundstein zur Lehrprofession

Die Didaktik ist die Berufswissenschaft des Lehrers.

Definition Didaktik

Nach Köck bezeichnet heute „Didaktik die wissenschaftlich fundierte Auseinandersetzung mit allen Bestimmungsfaktoren des Unterrichts und mit deren Wechselwirkungen mit dem Zweck theoretisch gesicherter Unterrichtspraxis. Sie stützt sich dabei in gleicher Weise auf Ergebnisse systematischer Unterrichtsforschung (verdichtet in der Unterrichtstheorie) wie verallgemeinerbarer Alltagserfahrung" (Köck 2005: 212). Sie ist somit sowohl wissenschaftliche Theorie als auch Theorie des Handelns. Es werden Lehr- und Lernprozesse mittels wissenschaftlicher Methoden untersucht und allgemeine Theorien für das alltägliche, routinierte und dennoch immer wieder neu zu überdenkende Handeln der Lehrer abgeleitet.

Allgemeine Didaktik

Die Allgemeine Didaktik beschäftigt sich mit den allgemeinen, fachungebundenen Strukturen des Lehrens und Lernens, hauptsächlich im institutionalisierten Unterricht. Zu den Strukturen des Unterrichts gehören dabei die Unterrichtsschritte, die Unterrichtsmethoden, die Sozialformen, die Kommunikationsstruktur, Bewertungskriterien, etc. Diese zu analysieren verlangt Einblick in viele weitere Wissensgebiete, wie z. B. die Lernpsychologie und die Kommunikationswissenschaft.
Weiterhin beschäftigt sich Allgemeine Didaktik mit den allgemeinen Voraussetzungen und Bedingungen für die Gestaltung unterrichtlicher Prozesse sowie deren Wechselwirkungen auch in der Auseinandersetzung mit historisch bedingten, gesellschaftlichen Forderungen an Schule und Unterricht. Voraussetzungen und Bedingungen der unterrichtlichen Prozesse zu analysieren heißt, sich mit Anthropologie, Entwicklungspsychologie, Soziologie und weiteren Bezugswissenschaften auseinanderzusetzen.

Diese Vielschichtigkeit der im Unterricht wirksam werdenden Faktoren wird von Peterßen (2001: 21) besonders hervorgehoben. „Die Absicht zur Totalerfassung verlangt von der didaktischen Theorie auch eine Offenheit nach außen in die Welt der Wissenschaft insgesamt hinein, und zwar für alle in irgendeiner Weise auf didaktische Wirklichkeit bezogenen Wissenschaften. Dazu gehören anthropologische wie soziologische Disziplinen ebenso wie philosophische, medizinische u. a. Didaktik wird gleichsam zur integrativen Wissenschaft für alle maßgeblichen Wissenschaften und deren Ergebnisse unter dem Gesichtspunkt des Lernens und Lehrens. Allgemeine Didaktik integriert alle maßgeblichen wissenschaftlich gewonnenen Aussagen über das weite Feld des Lernens und Lehrens."

Abbildung 25: Einige Bezugswissenschaften der Didaktik

Für den Lehrer als Fachmann für Unterricht besteht die Herausforderung darin, sich immer wieder mit neuen Erkenntnissen der verschiedenen Wissenschaftsgebiete auseinanderzusetzen, um den Prozess des Lehrens und Lernens entsprechend der aktuellen Erfordernisse zu gestalten.

An einem Beispiel soll diese Aussage verdeutlicht werden: Die Kommunikationswissenschaft ist ein junger Wissenschaftszweig. Kommuniationspsychologische Erkenntnisse spielten in der Ausbildung der Lehramtsstudenten bisher oft eine untergeordnete Rolle, obwohl diese Wissenschaft die grundlegenden Theorien der Verständigung von mindestens zwei Personen hervorgebracht hat. Die erfolgreiche Gestaltung von Verständigungsprozessen durch den Lehrer erfordert die abgelaufenen Kommunikationsprozesse theoriegeleitet zu hinterfragen und eigene Schlussfolgerungen für die weitere Kommunikation abzuleiten.

Die stetige Fortbildung des Lehrers in seiner Berufswissenschaft und in allen Wissenschaftsgebieten, auf denen die Didaktik fußt, ist also unabdingbare Voraussetzung für die Professionalität der Lehrer. Professionalität erreicht der einzelne Lehrer nicht durch die bloße Theorieerarbeitung, sondern erst durch stetige, intensive Reflexion der Unterrichtspraxis an den theoretischen Positionen und somit dem theoriegeleiteten Hinterfragen der eigenen subjektiven Sichtweisen. In diesen Prozess der Professionalisierung müssen sich die Praktikanten und Referendare während ihrer Praxisphasen durch enge Beratung mit dem Mentor erst einarbeiten. Der Grad der Profession des Mentors wird den Entwicklungsgewinn des Praktikanten deutlich beeinflussen.

Besondere Didaktiken

Die Fachdidaktik ist eine besondere Didaktik. Bei besonderen Didaktiken wird das zu untersuchende didaktische Feld nach bestimmten Gesichtspunkten eingegrenzt. Die Fachdidaktik grenzt ihr Feld auf ein Fach ein. Sie stellt die Berufswissenschaft des Lehrers im engeren Sinn dar. Dabei hat sie die Aufgabe, zwischen der Fachwissenschaft und dem allgemein didaktischen Handeln zu vermitteln.
Weitere besondere Didaktiken entstehen durch Eingrenzung des Gegenstandsfeldes nach bereichsspezifischen Aspekten (Schulart, Altersspezifik, Fächergruppen, etc.), so dass die Grundschuldidaktik oder die Erwachsenendidaktik als Bereichsdidaktiken entstehen. Eine weitere Eingrenzung erfolgt nach spezifischen Gesichtspunkten und führt zur Entstehung spezifischer Didaktiken wie beispielsweise der Mediendidaktik.

3.4.2 Das Gegenstandsfeld der Didaktik

Das Gegenstandsfeld beschreibt in der Wissenschaft den Ausschnitt aus der Wirklichkeit, auf den sich die wissenschaftliche Theorie bezieht, also den Bereich, der durch diese Wissenschaft erforscht wird. Somit wird sich das Gegenstandsfeld der Didaktik auf die Tätigkeitsfelder des Lehrers erstrecken. Das Betätigungsfeld des Lehrers ist jedoch sehr komplex, so dass es unterschiedliche didaktische Theorien gibt, die sich in der Definition des jeweiligen Gegenstandsfeldes unterscheiden. Es wird also bei einigen didaktischen Theorien der zu untersuchende Ausschnitt aus der Schulwirklichkeit auf unterschiedliche Aspekte beschränkt. Man spricht deshalb auch von didaktischer Theorie im engeren und weiteren Sinn. Die Strukturierung der didaktischen Theorien nach dem Gegenstandsfeld hat erstmals Klafki 1964 vorgenommen. Das Gegenstandsfeld wird bei der Strukturierung der allgemeinen didaktischen Theorien in zwei Dimensionen gewichtet. Zum einen wird der Umfang des zu untersuchenden Gegenstands und zum anderen die Art des zu untersuchenden Gegenstandes betrachtet (vgl. Abbildung 26).

Gegenstandsfeld	enge Fassung (auf Art bezogen)	weite Fassung (auf Art bezogen)
enge Fassung (auf Umfang bezogen)	Didaktik als Lehre von den Bildungsinhalten	Didaktik als Lehre vom Unterricht
weite Fassung (auf Umfang bezogen)	Didaktik als Lehre von allen auf Bildung bezogenen Problemen	Didaktik als Lehre von allen Formen und Stufen des Lernens

Abbildung 26: Gegenstandsfelder didaktischer Positionen

■ 3.4.3 Didaktik als Wissenschaft

Eine Didaktik kann dann den Anspruch erheben, eine Wissenschaft zu sein, wenn sie in ihrer Strukturiertheit als vollständig bezeichnet werden kann. Vollständige Strukturiertheit ist jedoch nicht gleichbedeutend mit Unveränderbarkeit als Endgültigkeit, sondern bedeutet, dass die Theorie auf allen Strukturebenen Aussagen macht und somit die einzelnen Aussagen offen sind für weitere Entwicklungen.

Peterßen fasst drei Strukturelemente einer vollständigen Didaktik zusammen (vgl. Peterßen: 2001: 255 ff.):

1. **Eine vollständige Didaktik muss eine pragmatische Struktur aufweisen. Mit dieser pragmatischen Struktur gibt die Didaktik konkrete Anleitung zum Handeln** (vgl. Kapitel 3.4.4 Didaktische Theorien).

2. **Jede vollständige Didaktik weist eine legitimatorische Struktur auf. Durch dieses Strukturelement wird die Begründung für die Anleitung zum Handeln mit der Didaktik selbst gegeben.** Auf diesen Aspekt wird in diesem Buch nicht explizit eingegangen, da die Bandbreite der didaktischen Theorien den Rahmen sprengen würde und für die schulpraktische Reflexion keine Relevanz besitzt.

3. **Die paradigmatische Struktur macht die Didaktik vollständig und somit zur Wissenschaft. Darunter ist zu verstehen, dass die Unterrichtswirklichkeit bzw. Unterrichtstheorie aus einer bestimmten wissenschaftlichen Sicht betrachtet wird. Die Allgemeine Didaktik wird unter drei besonderen Paradigmen, also durch drei besondere wissenschaftliche Sichtweisen betrachtet. Der jeweiligen Sichtweise entsprechend werden unterschiedliche Erkenntnisinteressen verfolgt, denen wiederum unterschiedliche wissenschaftliche Methoden zugeordnet sind** (vgl. Abb. 27).

Position	Erkenntnis-Interesse	Methode
Geisteswissenschaft	praktisches	Hermeneutik
Positivismus (empirisch-analytische Wissenschaft)	technisches	Empirie
Kritische Wissenschaft	emanzipatorisches	Ideologiekritik

Abbildung 27: Wissenschaftliche Positionen – Erkenntnisinteressen – Methoden (nach Habermas)

■ 3.4.4 Didaktische Theorien

Je nachdem, welcher Ausschnitt schulischer Wirklichkeit genauer geplant oder reflektiert werden soll, wird ein dem Gegenstandsfeld entsprechendes Modell der didaktischen Theorie dieser Planungs-bzw. Analysetätigkeit zugrunde gelegt. Diese didaktischen Modelle geben allgemeine Grundsätze der Gestaltung von Unterricht bzw. schulischer Prozessen wieder. Mittels dieser theoretischen Modelle, die die Wirklichkeit nicht umfassend widerspiegeln, lassen sich aber viele Strukturen, Bedingungen und Wechselwirkungen im schulischen Alltag erklären, systematisch strukturieren und verstehen. So stellen diese Modelle neben einer Analysegrundlage auch Handlungsgrundlage für die Planung und Durchführung von Unterricht und pädagogischen Prozessen dar.

„1. Ein didaktisches Modell ist ein erziehungswissenschaftliches Theoriegebäude zur Analyse und Modellierung didaktischen Handelns in schulischen und nicht schulischen Handlungszusammenhängen.

2. Ein didaktisches Modell stellt den Anspruch, theoretisch umfassend und praktisch folgenreich die Voraussetzungen, Möglichkeiten und Grenzen des Lernens und Lehrens aufzuklären.

3. Ein didaktisches Modell wird in seinem Theoriekern in der Regel einer wissenschaftstheoretischen Position zugeordnet" (Meyer 2005: 29).

Neben vielen weiteren stellen die Bildungstheoretische Didaktik, die Lerntheoretische Didaktik und die Konstruktivistische Didaktik die zurzeit aktuellen didaktischen Theorien bzw. Theorieansätze dar.

Die Bildungstheoretische Didaktik

Bereits Mitte des letzten Jahrhunderts entwickelte W. Klafki eine „Theorie der kategorialen Bildung", die auf das didaktische Problem des Inhalts zentriert ist. Sie wird deshalb als Didaktik im engeren Sinne bezeichnet (vgl. Peterßen 2001: 71). Die Bildungstheoretische Didaktik nach Klafki wird dem hermeneutisch-geisteswissenschaftlichen Theorieansatz der Allgemeinen Didaktik zugeordnet. (vgl. Hinz 2002: 58). Sie beschäftigt sich mit den für Bildung relevanten Inhalten, deren Struktur und Auswahl. Intensiv setzt sich Klafki mit dem Begriff Bildung auseinander. Kategoriale Bildung ist nur mit bestimmten Bildungsinhalten möglich. So soll in jedem Inhalt neben der Eigenart auch ein allgemeiner übergeordneter Zusammenhang enthalten und die Inhalte sollen für alle bildend sein. Die Inhalte sollen für die Schüler dabei sowohl gegenwärtig und exemplarisch als auch zukünftig Bedeutung haben. Aus diesen hier absolut verkürzt dargestellten Überlegungen leitet Klafki die didaktische Analyse, die das Kernstück dieser Theorie und damit die Grundlage der inhaltlichen Unterrichtsvorbereitung bildet, ab. Klafki formuliert dazu folgende Fragen:

1. „Welchen größeren bzw. welchen allgemeinen Sinn- oder Sachzusammen-
   hang vertritt und erschließt dieser Inhalt? [...]
2. Welche Bedeutung hat der betreffende Inhalt [...] im geistigen Leben der
   Kinder meiner Klasse, welche Bedeutung sollte er – vom pädagogischen Gesichtspunkt aus gesehen – darin haben?
3. Worin liegt die Bedeutung in der Zukunft der Kinder?
4. Welches ist die Struktur des (durch die Fragen 1, 2 und 3 in die spezifische
   pädagogische Sicht gerückten) Inhalts?
5. Welches sind die besonderen Fälle, [...], in oder an denen die Struktur des
   jeweiligen Inhalts den Kindern dieser Bildungsstufe [...] interessant, frag-
   würdig, begreiflich und anschaulich werden kann?" (Köck 2005: 220)

Diese didaktische Analyse als Modell der Bildungstheoretischen Didaktik ist vordergründig bei der Festlegung der Lehrplaninhalte relevant, sollte jedoch jedem Lehrer
vertraut sein, da er während der Planung seines Unterrichts den Inhalt auf die In-
dividualität der Schüler seiner Klasse zuschneiden muss. Insbesondere bei der Gestaltung fachübergreifenden und Fächer verbindenden Unterrichts ist der Lehrer für
die Auswahl der Unterrichtsinhalte viel stärker verantwortlich als im traditionellen
Fachunterricht.

Krititsch-konstruktive Didaktik

Mit der Weiterentwicklung dieses didaktischen Modells zur Kritisch-konstruktiven
Didaktik öffnet Klafki seine Sicht den Positionen und Kritiken der Vertreter der Lerntheoretischen Didaktik, insbesondere der Heimann'schen Kritik, und veröffentlicht
1980 auch ein „Vorläufiges Perspektivenschema zur Unterrichtsplanung"(vgl. Abbildung 28).

Die Kritisch-konstruktive Didaktik ist selbst nicht mehr allein der Geisteswissen-
schaft zuzuordnen, sondern ist eine Didaktik, die alle drei Wissenschaftsansätze
in sich vereint (vgl. Peterßen 2001: 73). Der Begriff der Bildung bleibt auch in der
neuen Didaktik von Klafki zentrales Element. Dabei bestimmt er Bildung in zwei
Richtungen, zum einen ist Bildung Individualbildung und zum anderen ist Bildung
Allgemeinbildung.

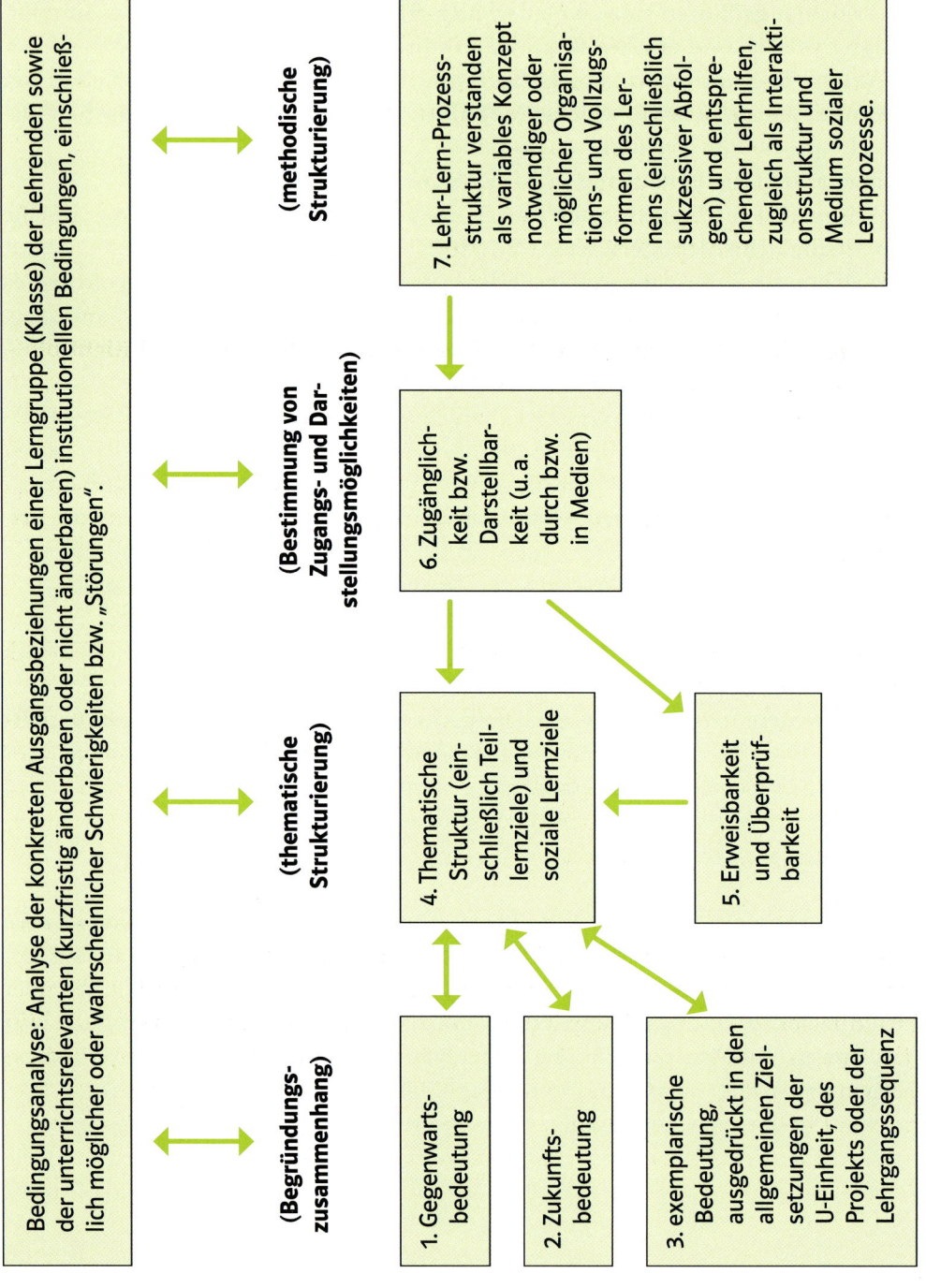

Abbildung 28: Vorläufiges Perspektivenschema zur Unterrichtsplanung

Als Individualbildung zeichnen heute einen gebildeten Menschen aus:
- **„die Selbstbestimmungsfähigkeit,**
- **die Mitbestimmungsfähigkeit und**
- **die Solidaritätsfähigkeit"** (Peterßen 2001: 80).

Bildung als Allgemeinbildung beinhaltet dabei auch drei Aspekte:
- **„Allgemein im Sinne von ‚für alle'**
  Allgemeinbildung kann nicht auf wenige Menschen beschränkt bleiben, weil alle Menschen denselben Anspruch darauf haben.
- **Allgemein im Sinne von ‚allseitig'**
  Allgemeinbildung bezieht sich auf den ganzen Menschen und nicht bloß, wie oft geschehen, nur auf den Intellekt.
- **Allgemeinbildung im Sinne von ‚Bildung durch das Allgemeine, im Medium des Allgemeinen'**
  Nicht alles erworbene Wissen ist bildungswirksam, sondern nur das, was über seine je besondere Eigenart hinaus immer auch etwas Allgemeines aufweist."
  (Peterßen 2001: 82).

In der täglichen Unterrichtspraxis sind die in der Bildungstheoretischen Didaktik formulierten Grundsätze für Bildung zu realisieren. In den einzelnen Lehrplänen sind auch genau diese Aspekte als Bildungsziele in Form von Kompetenzen formuliert. In der didaktischen Umsetzung im Unterricht und der Reflexion darüber ist der Praktikant auf die umfassende Beratung durch den Mentor angewiesen.

Die Lerntheoretische Didaktik nach Heimann – Das Berliner Modell

Paul Heimann kristallisiert 1962 mit seiner Lerntheoretischen Didaktik (bewusste begriffliche Abgrenzung von der Bildungstheoretischen Didaktik) sechs Strukturelemente heraus, die das Gerüst jeden Unterrichts bilden. Noch heute ist das Berliner Strukturmodell (vgl. Abbildung 29) in der Ausbildung der Lehrer grundlegend für die Planung und Analyse von Unterricht. Während der theoretischen Ausbildungsphasen lernen die Studierenden und Referendare dieses Modell kennen. In den praktischen Phasen sollen die Studierenden und Referendare die Praxis daran spiegeln und die praktische Umsetzung des Theoriemodells selbst erproben.

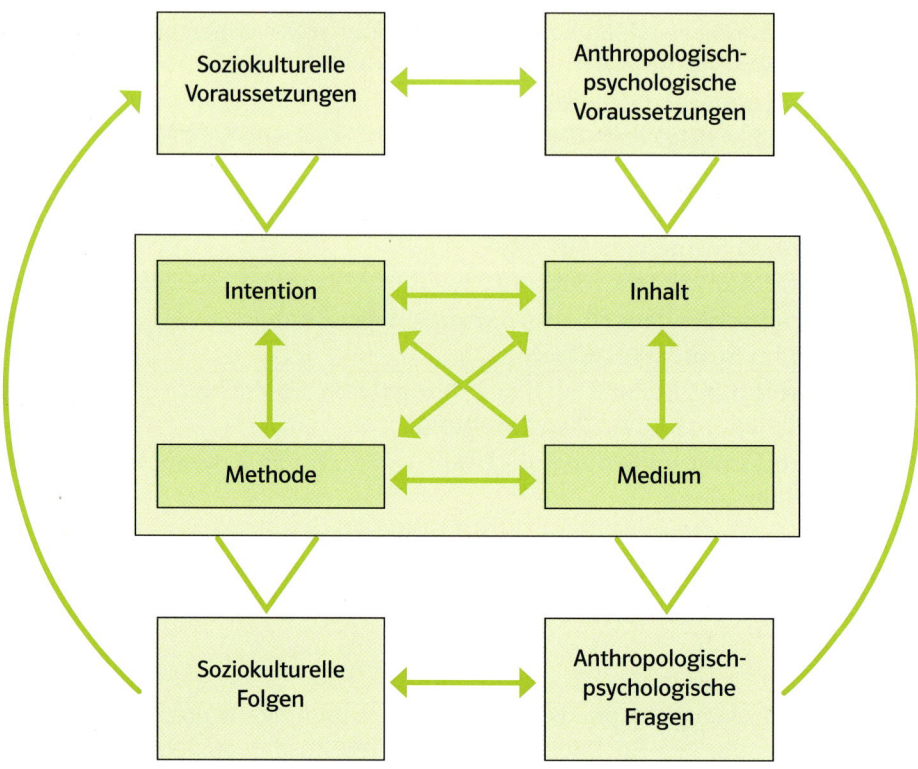

Abbildung 29: Das Berliner Modell als Entscheidungsmodell

Die anthropologisch-psychologischen Voraussetzungen und die soziokulturellen Voraussetzungen ordnet Heimann den Bedingungen des Unterrichts zu. Somit sind bei der Planung oder Auswertung von Unterricht nach dem Berliner Strukturmodell die anthropologisch-psychologischen Voraussetzungen (z. B. Alter, Geschlecht, Anlagen, Lehr- und Lernkapazität, Temperament, etc.) und die soziokulturellen Voraussetzungen (Klassenzusammensetzung, Klassenstärke, Raumsituation, Herkunft, Gruppen- und Cliquenbildungen, ...) zu analysieren. Für den routinierten Lehrer ist dies offensichtlich nicht mehr erforderlich, da er alle Gegebenheiten zu kennen glaubt. Der Praktikant muss sich aber immer wieder neu mit diesen Aspekten der Planung oder auch der Analyse von Unterricht auseinandersetzen.

Checklisten zur Analyse der Bedingungen und Voraussetzungen des Unterrichts:

Checkliste: Anthropologisch-psychologische Voraussetzungen der Schüler

Bedingungen	Schüler
Geschlecht	
Alter	
Herkunft	
körperliche Entwicklung	
seelische Stabilität	
Sinnesfunktionalität	
Besonderheiten im Persönlichkeitsbereich	
Religionszugehörigkeit	
Lernstand in den einzelnen Fächern	
Potenziale in einzelnen Bereichen	
Lernmotivation	
Leistungsmotivation	
Interessengebiete	
Spezialinteressen	
Weitere Besonderheiten	

▶ in Textverarbeitung öffnen

 © Ernst Klett Verlag GmbH, Stuttgart 2008. Alle Rechte vorbehalten. ISBN 978-3-12-924458-6   Arbeitsblätter: Schulpädagogik Lehrerausbildung in der Schule   24

22. Checkliste: Voraussetzungen des Lehrers

Checkliste: Anthropologisch-psychologische Voraussetzungen des Lehrers

Geschlecht	
Alter	
Herkunft	
körperliche Entwicklung	
seelische Stabilität	
Sinnesfunktionalität	
Besonderheiten im Persönlichkeits-bereich	
Religionszugehörigkeit	
Ausbildung	
Weiterbildung	
Leistungsmotivation	
Fachkompetenz	
Sozialkompetenz	
Selbstkompetenz	
Lehrstil	
Menschenbildannahmen	
pädagogische Grundüberzeugungen	
Interessengebiete	
Spezialinteressen	

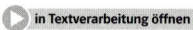 in Textverarbeitung öffnen

Arbeitsblätter: Schulpädagogik
Lehrerausbildung in der Schule

23. Checkliste: Soziokulturelle Voraussetzungen der Klasse / Lerngruppe situativ bezogen auf die einzelne Stunde

Schülerzahl	
Geschlechterverhältnis	
Altersheterogenität	
Zusammensetzung nach sozialer Herkunft	
Zusammensetzung nach Schulweg	
Zusammensetzung nach Nationalität	
Zusammensetzung nach Religionszugehörigkeit	
Zusammensetzung nach angestrebtem Abschluss	
Zusammensetzung nach Leistungsstand	
feststehende Sitzordnungen	
Umgang mit sozialen Arbeitsformen	
Arbeitshaltung	
Umgang mit Lernmethoden	
Geschichte der Klasse	
Gruppenverhalten	
Rituale	
Klassenregeln	
besondere Fächer	
Klassenraumgestaltung	
Einordnung der Stunde in den Wochenplan / Tagesplan	
vorausgegangener Unterricht / Pausen	

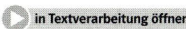 in Textverarbeitung öffnen

Arbeitsblätter: Schulpädagogik
Lehrerausbildung in der Schule

24. Checkliste: Soziokulturelle Voraussetzungen der Schule / des gesellschaftlichen Umfeldes

Lehrerzahl	
Geschlechterverhältnis im Lehrerkollegium	
Alterszusammensetzung des Lehrerkollegiums	
Zusammensetzung des Lehrerkollegiums nach Status / Rolle	
Zusammensetzung des Lehrerkollegiums nach Beschäftigungsumfang	
Kooperation im Lehrerkollegium	
Schulart	
Bildungsabschlüsse	
Einzugsbereich	
soziales Umfeld	
pädagogisches Profil	
besondere Förderschwerpunkte	
besondere Fächer	
fächerverbindender Unterricht	
Festlegungen zur Benotung	
Festlegungen zu Klassenarbeiten	
Regelungen der Hausordnung	
Lehr- und Lernmittel	
Fachräume	
Lehrpläne	
Schulordnungen	
Schulgesetz	

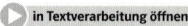 in Textverarbeitung öffnen

Zu den Entscheidungsfeldern zählt Heimann die Intentionen, Inhalte, Methoden und Medien. Diese vier Strukturelemente sind bewusst als Entscheidungsfelder benannt, da der Lehrer unter Beachtung der Bedingungen die Entscheidungen zu allen Strukturelementen immer wieder neu treffen muss, bis eine in sich stimmige Planung entsteht, da für alle Strukturelemente das Interdependenzprinzip (widerspruchsfreie Wechselwirkung) gilt.

Die Lehr-Lernintentionen lassen sich nach Heimann in drei Möglichkeitsklassen und je drei Abstufungen erfassen.

Klasse	kognitiv-aktiv	affektiv-empathisch	pragmatisch-dynamisch
Spezifische Akte der	Daseins-Erhellung	Daseins-Erfüllung	Daseins-Bewältigung
Stufen			
1. Anbahnung	Kenntnis	Anmutung	Fähigkeit
2. Entfaltung	Erkenntnis	Erlebnis	Fertigkeit
3. Gestaltung	Überzeugung	Gesinnung	Gewohnheit

Abbildung 30: Raster der Lehr-Lernintentionen

Heimann fordert für die Planung von Unterricht zwei weitere handlungsleitende Grundsätze. Zum einen ist nach dem Berliner Strukturmodell das Prinzip der Variabilität zu realisieren, d. h. mehrere Alternativen und Variationen sollen in der Planung verankert und im Unterricht zugelassen werden. Andererseits ist das Prinzip der Kontrolle, also der Vergleich zwischen Planung und Verlauf des Unterrichts realisierbar zu gestalten (vgl. Köck 2005: 224).

In allen Phasen der Planung ist der Praktikant mit der tatsächlichen Situation der Schule konfrontiert und benötigt Beratung in größerem oder zunehmend kleiner werdendem Umfang. Nach der Durchführung des Unterrichts erwarten die Praktikanten natürlich auch eine fachmännische Kontrolle durch und Beratung mit dem Mentor durch Spiegelung der Praxis an der Theorie. Daraus wird der Praktikant seine Schlussfolgerungen zu den Planungsentscheidungen und zur Umsetzung im Unterricht theoriegeleitet und praxisorientiert ziehen und seine eigenen Wege für die zukünftige Unterrichtspraxis finden.

Das Berliner Modell ist in der täglichen Praxis sehr weit verbreitet, da es sich aufgrund seiner stringenten Geschlossenheit und exakten Begrifflichkeit sowohl für

Planung als auch Analyse von Unterricht gut eignet. Jedoch darf die Begrenztheit dieses Modells nicht verschwiegen werden. Das Berliner Didaktische Modell ist stark der empirisch-analytischen Sicht verbunden. Somit wird Unterricht einerseits als technischer Vorgang aufgefasst. Andererseits transportiert das Modell durch die Entscheidungsfreiheit des Lehrers dessen reale Werte in den Unterrichtsprozess.

Dieses Problem lässt sich nur durch Einbindung weiterer wissenschaftlicher Denkweisen lösen. Deshalb entwickelte Schulz, als ein Schüler von Heimann, dessen Modell weiter zum Hamburger Modell.

Die Lerntheoretische/Lehrtheoretische Didaktik nach Schulz – Das Hamburger Modell

Das Hamburger Modell stellt also eine Mischtheorie dar, die sowohl geisteswissenschaftliche, positivistische als auch kritische wissenschaftliche Sichtweisen aufgreift. Das Hamburger Modell stellt nach Wolfgang Schulz ein Handlungsmodell dar, das sich an die handelnden Subjekte im Unterricht und Schule, also die Lehrer und Schüler, wendet (vgl. Abbildung 31).

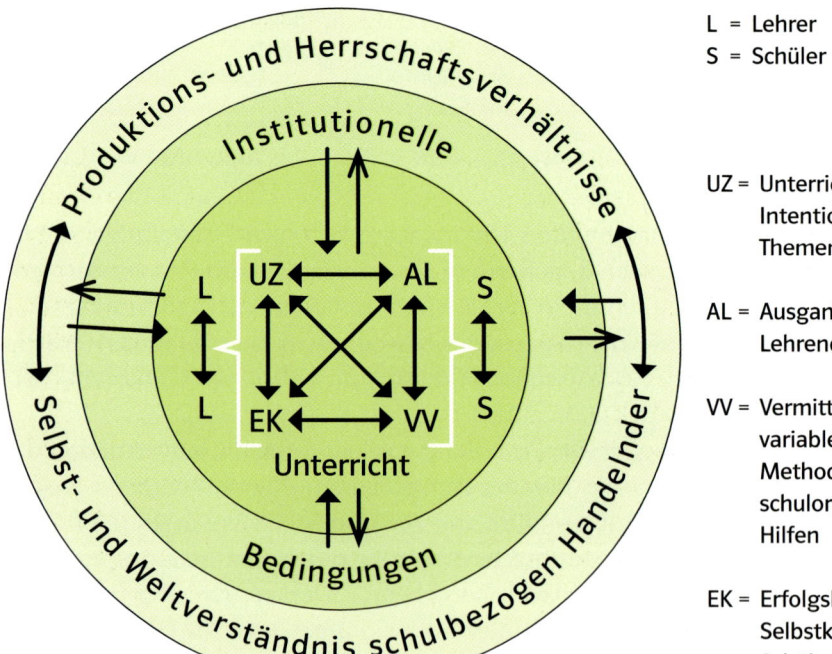

L = Lehrer   als Partner
S = Schüler   unterrichts-
                  bezogener
                  Planung

UZ = Unterrichtsziele:
     Intentionen und
     Themen

AL = Ausgangslage der
     Lehrenden

VV = Vermittlungs-
     variablen
     Methoden, Medien,
     schulorganistorische
     Hilfen

EK = Erfolgskontrolle:
     Selbstkontrolle der
     Schüler und Lehrer

Abbildung 31: Das Handlungsmodell des „Hamburger Modells"

Nach seinem Modell ist Lehren als emanzipatorisch relevantes, professionell pä-
dagogisches Handeln zu verstehen. Im Unterricht nach dem Hamburger Modell
sollen Lehrer Schüler befähigen, die bestehenden Verhältnisse nicht unkritisch zu
verinnerlichen, sondern sich mit diesen auseinanderzusetzen und Alternativen zu
diskutieren. Dies stellt die emanzipatorische Relevanz dar. Schulz trennt den Inhalt
nicht mehr von den Intentionen des Lernens, sondern fasst beide Aspekte als Ziele
des Unterrichts zusammen, da nach diesem Theoriemodell Intentionen niemals los-
gelöst von Inhalten verfolgt werden können. Als Intentionen für einen emanzipatorisch relevanten Unterricht nennt Schulz die drei Kategorien Kompetenz, Autonomie
und Solidarität und für die Themen drei Erfahrungsbereiche, die Sacherfahrung, die
Gefühlserfahrung und die Sozialerfahrung. Aus den Intentionen und Erfahrungs-
bereichen bildet er eine entsprechende Matrix als Hilfe zur Bestimmung, wie emanzipatorisch relevant Unterricht ist. Als Vermittlungsvariablen fasst er Methoden und
Medien zusammen.

Die in Wechselwirkung zueinander stehenden Intentionen, die Ausgangslagen der
an Lehr- und Lernprozessen Beteiligten und Vermittlungsvariablen ergänzt er um
die Kategorie Erfolgskontrolle als Schüler- und Lehrerselbstkontrolle. Mit dieser
Kategorie wird die emanzipatorische Relevanz des Lehr- und Lernprozesses in der
Übersichtsdarstellung besonders hervorgehoben (vgl. Abbildung 31).

Die Systemisch-Konstruktivistische Didaktik

Eine völlig neue Denkweise stellt das systemisch-konstruktivistische Denken dar
(vgl. Peterßen 2001: 98 ff). Diese Denkweise ist in die paradigmatische Strukturierung der didaktischen Theoriebildung, die auf der Strukturierung nach Habermas
beruht, nicht einzuordnen, da sie nicht mehr von den Grundlagen der bisherigen
Theoriebildung ausgeht. „Aus systemisch-konstruktivistischer Sicht ist Didaktik [...]
nicht mehr eine Theorie der Abbildung, der Erinnerung und der wichtigen Rekon-
struktion von Wissen und Wahrheit [...] sondern ein konstruktiver Ort der eigenen
Weltfindung ..." (Reich in Peterßen 2001: 117).

Ging man bisher davon aus, dass die reale Welt durch Lernen im Lerner abgebildet
wird und dieser Prozess durch äußere Reize gesteuert wird (behavioristische und
kognitivistische Lerntheorien, vgl. Kapitel 3.3), so ist nach konstruktivistischer Auf-
fassung Wirklichkeit zwar existent, aber sie entsteht erst beim Erkenntnisprozess in
jedem Menschen durch individuelle Konstruktion der Wirklichkeit (konstruktivistische Lerntheorie, vgl. Kapitel 3.3).

Es gibt also keine unabhängig vom Subjekt beschriebene Realität mehr. Sobald je-
mand Realität beschreibt, wird sie zum subjektiven Konstrukt, weil der Beschreiben-
de sich in einer Beobachterposition befindet und sich die Realität subjektiv neu kons-
truiert. Die Systemtheorie, die irgendein geordnetes Ganzes, Zusammenhängendes,

als ein in sich geschlossenes, nach außen jedoch offenes System betrachtet, schreibt Systemen zu, dass sie sich selbst erzeugen und selbst erhalten. Diese theoretischen Ansätze werden sowohl auf den einzelnen Menschen als System als auch auf weiter gefasste Systeme, also die Klasse, die Schule, etc. übertragen. Äußere Einflüsse sind dabei von Bedeutung, sie können zwar kein Wissen schaffen, tragen aber zur besseren Konstruktion von Wissen bei. Mitglieder eines in sich geschlossenen Systems müssen einen Grundkonsens herstellen. Dies geschieht durch Kommunikation wie auch der Austausch zwischen den Systemen durch Kommunikation erfolgt.

Welche Schlussfolgerungen lassen sich daraus ableiten?
Da das System Mensch oder das System Klasse nach außen offen ist, lassen sich Bedingungen schaffen, die den Konstruktionsprozess innerhalb des jeweiligen Systems positiv beeinflussen.
Dies betrifft die Gestaltung anregender Lernumgebungen für den einzelnen Schüler und entsprechende Gestaltung der gesamten Schule für die einzelnen Klassen und Gruppen.
Der einzelne Mensch lernt durch intensive, aktive Auseinandersetzung mit der Realität, um so die eigene Wirklichkeit zu gestalten. Diese Sichtweise erfordert die Akzeptanz der Persönlichkeit jedes Schülers durch den Lehrer. Der Lehrer wird im Lernprozess so zunehmend zum gleichberechtigten Lernberater, der dem Schüler die Konstruktion des eigenen Denkens, Fühlens und Handelns als selbst gestaltetem Prozess zubilligt. Diese Auseinandersetzung darf sich nicht auf den kognitiven Bereich beschränken, da der einzelne Mensch nicht nur sein Gehirn gestalten und erhalten will, sondern auch seine emotionalen und körperlichen Seiten entwickeln muss, um weiterhin ein gut funktionierendes System darzustellen. Der bisher unter Pädagogen gebrauchte Ausspruch „Lernen mit Kopf, Herz und Hand!" ist aktueller als jemals zuvor. Der Austausch zwischen den einzelnen Elementen im System und zwischen den Systemen erfolgt durch Kommunikation. Deshalb steht die Förderung der Kommunikation im Unterricht im Vordergrund dieser Didaktik

■ 3.4.5 Unterrichtsmethodik

Auf die Methodik als ein wesentliches didaktisches Moment im Unterrichtsprozess soll nun näher eingegangen werden, da die Unterrichtsmethodik das wohl zur Zeit am häufigsten diskutierte didaktische Moment der Planung, Gestaltung und Analyse von Unterricht ist. Unterrichtsmethoden bestimmen das Wie, also die Art und Weise des Lehrens und Lernens im Unterricht. Somit macht die Unterrichtsmethodik die Sichtweise des Lehrers auf den Lernprozess und seine selbst definierte Rolle im Lern-, Lehr- und Bildungsprozess deutlich.

Die Methodik ist im didaktischen Prozess auch das vom Praktikanten und Referendar leicht zu bestimmende didaktische Moment im Unterrichtsprozess. Derzeit führt dieses didaktische Moment in der Ausbildung der zukünftigen Lehrer oft zu großer Verunsicherung. Zukünftige Lehrer haben während ihrer eigenen Schulzeit hauptsächlich Frontalunterricht (oft interessant, manchmal auch schlecht gestaltet) erlebt.

Während der Studien werden die zukünftigen Lehrer immer wieder mit verschiedenen unterrichtsmethodischen Konzepten in der theoretischen Auseinandersetzung konfrontiert. Dieses durch die Studenten und Referendare wenig erprobte Theoriewissen kann nur dann zum Handlungswissen werden, wenn während der praktischen Ausbildungsphasen die ständige Reflexion der fremd- oder selbst beobachteten Praxis an der Theorie erfolgt und alternative methodische Vorstellungen diskutiert und erprobt werden. Dazu benötigen die Praktikanten und Referendare die intensive Beratung durch die Mentoren.

Köck (2005: 259) formuliert: „Unterrichtsmethoden sind einzelne Verfahrensweisen, mit denen Lehrer und Schüler an der Erschließung der Wirklichkeit im umfassenden Sinne – allerdings didaktisch reduziert durch Lehrpläne – arbeiten". Hilbert Meyer (2003: 47) ergänzt: „Das methodische Handeln von Lehrern und Schülern besteht aus der zielgerichteten Arbeit, der sozialen Interaktion und sinnstiftenden Verständigung [...] „Unterrichtsmethodische Handlungskompetenz von Lehrern und Schülern besteht in der Fähigkeit, in immer wieder neuen, nie genau vorhersehbaren Unterrichtssituationen zielorientiert, selbstständig und unter Beachtung der institutionellen Rahmenbedingungen zu arbeiten, zu interagieren und sich zu verständigen".

Aus der Analyse der Definitionen ist zu erkennen:
1. Unterrichtsmethoden sind an Inhalte gebunden.
2. Unterrichtsmethoden wirken zielführend.
3. Unterrichtsmethoden umfassen Arbeitsverfahren, Verständigungsprozesse sowie Interaktionen im Unterricht.
4. Unterrichtsmethoden sind im Unterricht den ständig wechselnden Anforderungen aufgrund „nie genau vorhersehbarer Unterrichtssituationen" anzupassen.
5. Unterrichtsmethodische Handlungskompetenz besteht bei Lehrern und Schülern im selbstständigen Tätigsein.

Die Interdependenz von Ziel, Inhalt und Methode steht im Vordergrund jeglicher Unterrichtsplanung. Wenn also das Ziel schulischer Bildung die Erziehung zur Mündigkeit, das seit der Zeit der Aufklärung vorherrschendes Bildungsideal ist, so darf nicht das Vermitteln von Kenntnissen im Vordergrund der Unterrichtspraxis stehen. Die Vermittlung von Kenntnissen gehört genau wie das Anwenden dieser Kenntnisse durch Beurteilen und Werten von Sachverhalten, das eigene Positionieren sowie das Lösen von Problemen zur Unterrichtsgestaltung. Die Entwicklung der sozialen und methodischen Kompetenzen der Schüler darf dabei jedoch genauso wenig vernachlässigt werden wie die Verwirklichung der affektiven und psychomotorischen Ziele. Dies ist laut Analyse der Praktikumsbelege von Lehramtsstudenten jedoch oft nicht der Fall. Beispielsweise schreibt eine Studentin in ihrem Praktikumsbeleg, die hier exemplarisch für viele ähnliche Aussagen zitiert wird: „Um den Lehrplan zu erfüllen (Ziel des Lehrers), wird von den Lehrkräften am häufigsten (ca. 85 %) der Lehrervortrag gestaltet. Weiterhin konnte ich Unterrichtsgespräche und einzelne Übungen der Schüler beobachten. Einen Schülervortrag oder Gruppenarbeiten konnte ich in den drei Praktikumswochen nur bei einer Lehrerin in den hospitierten Stunden finden."

Köck macht deutlich, dass neben der Ziel-Inhalt-Methoden-Wechselbeziehung weitere bestimmende Abhängigkeiten der Unterrichtsmethode vorliegen (vgl. Abbildung 32).

Unterrichtsmethode

in all ihren beschriebenen Erscheinungsformen ist bestimmt durch

1. entwicklungspsycho-
logische Erkenntnisse

2. lernpsychologische
Erkenntnisse

3. technisch-organisato-
rische Voraussetzungen,
wie Räume, Medien,
Instrumente …

4. gesellschaftlich-
politisches Umfeld,
z. B. der Einzelne als
Untertan oder mün-
diger Bürger, funk-
tionierend oder mit-
bestimmend, sowie
Selbstverständnis
der Schule

5. die Pluralität der Meinungen und der Metho-
den der Informationsver-
arbeitung

6. die durch Massenmedien,
Mobilität und Tempo
veränderte Lernumwelt

7. sachlogische Gesichts-
punkte: Jede Sache trägt
ihre Methode in sich;
nur durch sie findet der
Schüler angemessenen
Zugang zur Sache

8. Lernziele des Unterrichts

9. den Lehrer mit seinem
Berufs- und Unterrichts-
verständnis, seinen
erkenntnis- und hand-
lungsleitenden Interes-
sen, seiner Lehrmotiva-
tion und eigenen Metho-
denkenntnis, seiner
Innovationsbereitschaft.

Abbildung 32: Abhängigkeiten der Unterrichtsmethode

Struktur des methodischen Handelns

Wenn sowohl Arbeitsverfahren, Verständigungsprozesse als auch Interaktionen Bestandteile von Unterrichtsmethoden sind, ist herauszuarbeiten, wie Unterrichtsmethoden strukturiert werden können. Meyer ordnet die aus unterrichtlichen Prozessen bekannten Erscheinungsformen methodischen Handelns von Lehrern und Schülern auf drei Ebenen.

1. Makroebene: „Methodische Großformen des Unterrichts sind komplexe, historisch gewachsene und institutionell verankerte feste Strukturen der zielbezogenen Organisation thematisch zusammenhängender schulischer Aufgabenkomplexe" (Meyer 2003: 146) (z. B.: Projektwoche, Praktikum, Lehrgang, …).

2. Mesoebene: Auf dieser Ebene siedelt Meyer die Sozialformen, Handlungsmuster und Unterrichtsschritte an, die in einem sehr großen Variantenreichtum miteinander kombiniert werden können und so die Grundlagen der Unterrichtsmethodik bilden.

   „Sozialformen regeln die Beziehungsstruktur des Unterrichts. Sie haben eine äußere, räumlich-personal-differenzierende und eine innere, die Kommunikations- und Interaktionsstruktur regelnde Seite" (Meyer 2003: 138) (Einzelarbeit, Partnerarbeit, Gruppenarbeit, Frontalunterricht).

   „Handlungsmuster sind historisch gewachsene, von Lehrern und Schülern mehr oder weniger fest verinnerlichte Formen der Aneignung von Wirklichkeit. Sie haben einen bestimmten Anfang und ein Ende. Sie sind in sich zielgerichtet. Konkreter Unterricht ist eine inhaltliche und methodische Variation der durch die Handlungsmuster vorgegebenen Strukturen" (Meyer 2003: 127). (Tafelarbeit, Vortrag, Unterrichtsgespräch, Experiment, Arbeit mit Arbeitsblättern, Erkundungsgang, Erarbeitung eines Tafelbildes, Lernspiele, Rollenspiele, etc.). Meyer schätzt, dass es ca. 250 verschiedene Handlungsmuster gibt.

   „Ein Unterrichtsschritt ist das, was der Lehrer dafür hält" (Meyer 2003: 129). (Einleitung, Zielorientierung, Erarbeitung, Übung, Zusammenfassung, etc.)

3. Mikroebene: „Handlungssituationen haben Aufgabencharakter. Sie setzen den Unterrichtsprozess in Gang, halten ihn im Fluss und bringen ihn zu konkreten Ergebnissen" (Meyer 2003: 120) (eine Frage stellen und antworten, loben, tadeln, Disziplin herstellen, …) Meyer schätzt, dass es ca. 1000 Handlungssituationen gibt.

Aus all den genannten Strukturierungselementen der Unterrichtsmethodik hat der Lehrer die Möglichkeit, seinen Unterricht zielführend vielgestaltig zu planen und durchzuführen. Diese unterschiedlichen Variationen der Strukturelemente auf der von Meyer erarbeiteten Mikro- und Mesoebene ergeben eine fast unüberschaubare Vielfalt an allgemeinen unterrichtsmethodischen Aspekten, die im Unterricht durch die fachlich didaktischen Aspekte ergänzt werden müssen. Die aktuelle pädagogische Diskussion zur unterrichtsmethodischen Gestaltung verweist auf eine abwechslungsreiche methodische Unterrichtsgestaltung. Bei aller Abwechslung in der methodischen Gestaltung sollte jedoch stets die Wechselwirkung mit dem Ziel und dem Inhalt des Unterrichts sowie die Voraussetzungen der Schüler beachtet werden.

Entwicklung von Unterrichtskonzepten

Zur Gestaltung von Unterricht reicht die Vermittlung didaktischer Handlungskompetenzen („Handwerkszeug des Lehrers") allein nicht aus. Ebenso entscheidend ist die Entwicklung der persönlichen ethisch-moralischen Grundeinstellung der künftigen Lehrer zum Schüler, zur Schule und zum Unterricht. Diese theoriegeleitete Grundeinstellung des Lehrers bezeichnet Köck als Unterrichtskonzept (vgl. Köck 2005: 283). Diese Grundeinstellung erwächst aus der eigenen schulischen Sozialisation, aus praktischer Erfahrung, aus unterrichtstheoretischer Reflexion sowie der spezifischen Sichtweise auf Schüler. Im Unterrichtskonzept des Lehrers widerspiegelt sich seine subjektive Grundeinstellung.

Aufgabe zur Diagnose der Grundeinstellung des Praktikanten zu Schülern:

Fragen Sie Ihren Praktikanten: „Wer oder was ist für Sie ein Schüler?"

Die Antworten von Studenten im Seminar reichten von „Mensch, der was lernen will" über „Mensch, der lernen muss" bis zum „ungeschliffenen Edelstein" oder „zu formender Zögling". Aus diesen Sichtweisen kann man schnell schlussfolgern, welches Unterrichtskonzept diese zukünftigen Lehrer derzeit verfolgen würden. Der Lehrer, der die Schüler als lernen wollende Menschen sieht, wird diese Schüler in ihrem Wollen begleiten und als Berater im offenen Unterricht den Schülern zur Seite stehen. Der Lehrer, der den ungeschliffenen Edelstein vor sich sieht, wird Schüler als materiell wertvolle Objekte betrachten, die entsprechend vorsichtig zu bearbeiten sind. Der Schüler selbst als Persönlichkeit bleibt dabei auf der Strecke, d. h. sein Selbst ist nicht gefragt. Er wird durch direktiven, lehrerzentrierten Unterricht im doppelten Sinn des Wortes „geschliffen".

Um das Bildungsziel des mündigen Schülers zu verwirklichen, muss Unterricht zwangsläufig geöffnet werden. Öffnung des Unterrichts bedeutet, den Schülern größere Entscheidungsfreiheit und Mitbestimmung bei der Gestaltung des Unterrichts zuzugestehen. Diese Öffnung von Unterricht wird vordergründig in der Sozial- und Handlungsdimension den Schülern gewährt, sollte jedoch auch zunehmend in der Ziel-, Inhalts- und Zeitdimension geschehen. Die Hinwendung vom direktiven, lehrerzentrierten zum offenen, schülerorientierten Unterricht muss schrittweise erfolgen, damit Schüler mit den Entscheidungsfreiräumen nicht überfordert sind. Zur Öffnung von Unterricht sind verschiedene Realisierungsformen, wie Freiarbeit, Lernen an Stationen, Werkstattunterricht, etc., die in der Unterrichtspraxis vereinzelt umgesetzt werden, stärker in den unterrichtlichen Prozess zu integrieren.

Allerdings geht es bei der Umsetzung von Unterrichtskonzepten derzeit nicht um ein Entweder – Oder, sondern um ein neues Miteinander von verschiedenen Konzepten. Dies bedeutet: **„So viel Lehrersteuerung wie nötig, so viel Öffnung und Entscheidungsraum für Schüler wie möglich", und zwar nach umfassender Analyse der Sache, der Lernvoraussetzungen der Schüler und der schulischen Bedingungen.**

■ 3.4.6 Das Verhältnis von Theorie und Praxis

Im Gegensatz zum versierten Lehrer, der ausgehend vom Lehrplan und den Gegebenheiten im Schuljahr sowie der konkreten Schule zuerst den Jahresplan, dann einen Monatsplan und über den Wochenplan die einzelne Stundenplanung erstellt, sollten Studenten und Referendare während der Ausbildung mit der Planung einzelner Unterrichtssequenzen beginnen. Anschließen sollte sich für die Praktikanten dann die Planung einzelner Stunden nach didaktischen Konzepten. Diese Planung und deren Umsetzung im Unterricht sollten die Praktikanten bereits während der Ersten Schulpraktischen Studien erproben. Die sehr enge Begleitung und Beratung durch den Mentor ist während dieser frühen praktischen Ausbildungsetappe hinsichtlich fachdidaktischer Aspekte für den Praktikanten von sehr großer Bedeutung. Die Planung nach allgemeindidaktischen Grundsätzen und die Umsetzung dieser Planung im Unterricht sollte aber bereits hier in der Verantwortung der Praktikanten liegen. Da die fachdidaktischen Studien im Studienablauf in der Regel nach dem erziehungswissenschaftlichen Praktikum beginnen, sollten die Praktikanten mit den Zweiten Schulpraktischen Studien in der Lage sein, einzelne Unterrichtsstunden sowohl nach allgemeinen, als auch fachdidaktischen Grundsätzen umfassend zu planen und zu gestalten. Die Erstellung von Wochenplänen und die Planung von gesamten Unterrichtseinheiten sowie deren Umsetzung im Unterricht sollte durch den Praktikanten während der letzten Schulpraktischen Phasen umfassend gestaltet werden. Eine Erweiterung auf die Jahresplanung kann erst während des zweiten Ausbildungsabschnittes erfolgen.

Die Planung einzelner Unterrichtsstunden während der Ersten Schulpraktischen Studien stellt für den Praktikanten die Umsetzung didaktischer Theorie in praktische Tätigkeit dar. Die enge Beratung von Mentor und Praktikant ist dabei unerlässlich. Ist der Mentor sich zu jedem Zeitpunkt seiner Routinebildung und der Praktikant seiner theoretischen Ausbildung bewusst, kann während dieser Phase die Annäherung von Praxis und Theorie bei dem Studierenden und auch beim Mentor erfolgen. Die Bereitschaft zur theoriegeleiteten Praxisreflexion zu den einzelnen Planungsschritten auf Seiten des Mentors und des Mentee ist dafür Grundvoraussetzung.

Dem Studierenden wird hier bewusst, dass er die sozioökonomischen und die anthropologisch psychologischen Voraussetzungen als Bedingungen für den Unterricht analysieren muss, damit er entsprechende Entscheidungen zu Zielen, Inhalten, Methoden, Medien, etc. treffen und eine entsprechende Verlaufsplanung erstellen kann. Der Mentor übergeht an dieser Stelle oft diese Analyse, da er selbst diese Analyse bei der ersten Übernahme der Klasse durchgeführt hat und ständig aufbauend eher unbewusst damit umgeht. Der Praktikant muss diese Umsetzung der Theorie in die Praxis und die dann folgende Routinebildung erst erlernen und in sein Handlungsrepertoire übernehmen. Dies erfordert bewusstes Auseinandersetzen mit den einzelnen Planungsschritten in der Beratung zwischen Praktikant / Referendar und Mentor.

Zur Vereinfachung wird im Folgenden eine mögliche Grobstruktur für die Planung von Unterrichtsstunden zusammengestellt. Die Umsetzung der o.g. didaktischen Theorien lässt eine Vielzahl von Planungsvarianten zu. In der hier vorgestellten Planungsstruktur sind die Grundgedanken sowohl der Bildungstheoretischen Didaktik, der Kritisch-konstruktiven Didaktik mit den Grundgedanken der Lerntheoretischen Didaktik nach Heimann, der Lerntheoretischen / Lehrtheoretischen Didaktik nach Schulz als auch mit Grundgedanken der Systemisch-konstruktivistischen Didaktik verbunden. Jedes dieser didaktischen Modelle rückt einen bestimmten Wissenschaftsansatz in das Blickfeld. Da Unterricht jedoch nur dann realitätsnah geplant werden kann, wenn er aus allen Perspektiven betrachtet wird, rücken die Autoren auch aufgrund ihrer langjährigen Lehrerfahrung in der Darstellung der Ablaufstrukturierung einzelne Aspekte der verschiedenen didaktischen Modelle mehr oder weniger in den Vordergrund. Der Zusammenhang zwischen Theorie und Praxis ist in der folgenden Form der Ablaufstrukturierung für eine Unterrichtsstunde deutlich herausgestellt.

Ablaufstrukturierung für eine Stundenplanung:

1. Analyse der soziokulturellen und anthropologisch-psychologischen Bedingungen und Rahmenbedingungen für den Unterricht:
   (vgl. Checklisten 1 – 4 im Kapitel 3.4.4, Bildungstheoretische Didaktik nach Heimann – Berliner Modell)

2. Didaktische Analyse nach Klafki zum Sachverhalt:
   Der aktuelle wissenschaftliche Forschungsstand zum Sachverhalt ist zu analysieren. Davon ausgehend ist die didaktische Analyse mit der didaktischen Reduktion
   des Inhalts auf die heterogenen Anspruchsvoraussetzungen der Schüler vorzunehmen.
   (vgl. 5 Fragen zur didaktischen Analyse nach Klafki
    (Kapitel 3.4.4, Bildungstheoretische Didaktik)

3. Entscheidungen zu Lernzielen für die zu planende Stunde
   Alle Lernziele orientieren sich an dem seit der Aufklärung gültigen humanisti-
   schen Bildungsideal, nämlich dem Ziel der Erziehung zur Mündigkeit.
   Somit sind die Ziele und Inhalte des Lehrplans zu analysieren. Aus den Punkten
   1, 2 und der Lehrplananalyse sind die Lernziele zu formulieren. Die formulierten
   Lernziele sollte dem allgemeinen und individuellen Bildungsanspruch (vgl. Allgemeinbildung und Individualbildung nach Klafki) jedes Schülers gerecht werden.
    (Kapitel 3.4.4: Kritisch-konstruktive Didaktik)
   Nach der Lerntheoretischen Didaktik Heimanns und vor allem im Interesse der
   allseitigen Förderung der Persönlichkeiten der Schüler sollte der zu planende Unterricht unterschiedliche, möglichst viele verschiedene Zielsetzungen verfolgen.
   Also sind sowohl kognitiv-aktive, also geistige Ziele, als auch affektiv-pragma-
   tisch, also gefühlsmäßige Ziele, sowie pragmatisch-dynamische, also Handlungen, nach entsprechenden Stufen in den Zielformulierungen für die Unterrichtsstunde zu verankern (vgl. Raster der Lehr-Lernintentionen).
    (Kapitel 3.4.4, Bildungstheoretische Didaktik nach Heimann – Berliner Modell)
   Die kognitiven Lernziele können auch der Bloom'schen Taxonomie (Wissen, Verstehen, Anwenden, Analyse, Synthese und Bewertung) entsprechen, die sich auch
   in den Forderungen einiger deutscher Lehrpläne wiederfindet.
   Das Ziel wäre sicher verfehlt, wenn alle Details der Zielstruktur in allen Unterrichtsstunden verankert sein sollen. Jedoch sollten sich die Praktikanten / Referendare frühzeitig mit der Strukturierung und Einordnung ihrer formulierten
   Lernziele auseinandersetzen, damit bei der spätestens im Referendariat anzustrebenden längerfristigen Planung alle Zielkategorien berücksichtigt werden.
   Mit der Formulierung der Lernziele trifft der Praktikant / Referendar Entscheidungen für die Gestaltung des Unterrichtsprozesses. Da sich die Entscheidungsfelder
   Ziele, Inhalte, Methoden und Medien in einen interdependenten Zusammenhang
   befinden, wird in den folgenden Planungsschritten der Punkt 3 immer wieder
   einer entsprechenden Prüfung unterzogen werden müssen.

4. Methoden-, Inhalts- und Medienentscheidungen
   Die Studierenden sollten jetzt basierend auf der Bedingungsfeld- und Sachanalyse

sowie den Zielformulierungen grundlegende Entscheidungen zum methodischen Konzept der Stunde treffen und fundiert begründen.

Wenn beispielsweise Schüler bisher keinen Entscheidungsraum im Rahmen der Öffnung von Unterricht vom Lehrer zur Verfügung gestellt bekommen haben, dann ist die Entscheidung für die Planung einer offenen Unterrichtsstunde den Lernvoraussetzungen der Schüler nicht entsprechend. Die Entscheidung ist dann im Interesse der Schüler zugunsten des lehrerzentrierten Unterrichts zu treffen. Jedoch sollten bei der Detailplanung Unterrichtssequenzen für die offene, schülerorientierte Gestaltung von Unterricht zielgerichtet eingeplant werden.

Den Schülern ist im Unterricht diese Öffnung von Unterricht und die damit einhergehende Entscheidungsfreiheit für bestimmte methodische Dimensionen sowie die damit verbundene Verantwortungsübertragung an den Schüler bewusst zu machen. Es muss also über methodische Aspekte kommuniziert werden, wobei diese Kommunikation wiederum methodisch zu planen ist. Weitere methodische Entscheidungen betreffen die anzustrebenden Schülertätigkeiten. Die Mentees müssen überlegen, wie der Unterrichtsprozess zu gestalten ist, welche Materialien benötigt werden, welche Lernumgebung für die Schüler vorzubereiten ist, damit Schüler aktiv werden können. Durch diese methodischen und medialen Entscheidungen eröffnet der Mentee dem Schüler die Möglichkeit, seine eigene Wirklichkeit zu den geplanten Inhalten zu konstruieren (vgl. Kommunikation und Tätigwerden der Schüler) (Kapitel 3.4.4: Systemisch-konstruktivistische Didaktik).

Diese Überlegungen und Entscheidungen sind durch den Mentee fundiert zu begründen. Die schulischen Rahmenbedingungen sind dabei nicht außer Acht zu lassen. Eine immer wiederkehrende Kontrolle der Übereinstimmung von Zielen, Inhalten, Methoden und Medien ist vorzunehmen.

Auch die Planung von Alternativen nach der Lerntheoretischen Didaktik sollte der Praktikant / Referendar an dieser Stelle schriftlich diskutieren (vgl. Kap. 3.4.4).

5. Entscheidungen zur Lernerfolgskontrolle

Soll der zu planende Unterricht dem emanzipatorischen Interesse der Lerntheoretischen / Lehrtheoretischen Didaktik entsprechen, ist der Lernerfolg der Schüler durch die Schüler selbst zu kontrollieren. Der Mentee hat in der Planung entsprechende Entscheidungen zur Realisierung zu treffen. Diese Sicht basiert auf dem Bildungsideal und der Lerntheoretischen / Lehrtheoretischen Didaktik nach Schulz – Das Hamburger Modell (vgl. Kapitel 3.4.4; vgl. Kapitel 4).

6. Verlaufsplanung

Die konkrete Verlaufsplanung sollte in Tabellenform realisiert werden und mindestens folgende Aspekte der Detailplanung enthalten:

Zeit	Didaktisch-methodisches Vorgehen	Lehrertätig-keiten	Schülertätig-keiten	Bemerkungen

7. Anlagen

Zu den Anlagen sollten Tafelbilder, Folien, Arbeitsblätter und zur Verfügung zu stellende Texte, Aufgaben, etc. genommen werden. Weiterhin sind ein Literaturverzeichnis, ein Sitzplan und eine Aufzählung weiterer Medien und Unterrichtsmaterialien beizufügen.

Um die Kompetenzentwicklung des Mentee in Bezug auf Kenntnisse, theoriegeleitete Praxisreflexion und Umsetzung der Kenntnisse in Form von gestalteter Unterrichtspraxis (je nach praktischer Phase) zu überprüfen und um dem Mentee eine zielführende Rückmeldung geben zu können, sind im Folgenden Checklisten für den Mentor zusammengestellt. Diese beziehen sich auf das hier dargestellte Planungskonzept. Auch im Bereich der Didaktik kann die Einschätzung der Kompetenzen des Mentee anhand des folgenden Einschätzungsbogens vorgenommen werden. Auch für eventuell zu führenden Beratungsgespräche zwischen Mentor und Praktikanten kann die Checkliste wiederum Ausgangspunkt und Leitfaden darstellen (Kapitel 3: Der Mentor als Berater).

26. Checkliste für den Mentor: Kompetenzen Didaktik

Kompetenzen	Ausprägung				
	++	+	o	-	--
Der Praktikant ... kennt didaktische Modelle.					
... reflektiert über didaktische Modelle.					
... wendet sein Wissen über didaktische Modelle an.					
... kennt die didaktische Analyse nach Klafki.					
... reflektiert über die Bildungsinhalte (fachbezogen) nach der didaktischen Analyse.					
... wendet sein Wissen über die didaktische Analyse nach Klafki bei der Planung von Unterricht an.					
... kennt die Aspekte der Bedingungsfelder.					
... reflektiert über die Aspekte der Bedingungsfelder und leitet Konsequenzen für den Unterrichtsprozess ab.					
... wendet sein Wissen über die Aspekte der Bedingungsfelder an und setzt abgeleitete Konsequenzen im Unterrichtsprozess um.					
... kennt den interdependenten Zusammenhang zwischen den Entscheidungsfeldern im Unterrichtsprozess.					
... reflektiert über den interdependenten Zusammenhang zwischen den Entscheidungsfeldern im Unterrichtsprozess.					
... wendet sein Wissen über den interdependenten Zusammenhang zwischen den Entscheidungsfeldern im Unterrichtsprozess an.					
... kennt die Aspekte der Lerntheoretischen / Lehrtheoretischen Didaktik nach Schulz.					
... reflektiert über die Aspekte der Lerntheoretischen / Lehrtheoretischen Didaktik nach Schulz und leitet Konsequenzen für den Unterrichtsprozess ab.					
... wendet sein Wissen über die Lerntheoretische / Lehrtheoretische Didaktik nach Schulz an und setzt abgeleitete Konsequenzen im Unterrichtsprozess um.					
... kennt Grundaussagen zur Systemisch-konstruktivistischen Didaktik.					
... reflektiert über die Aspekte der Systemisch-konstruktivistischen Didaktik und leitet Konsequenzen für den Unterrichtsprozess ab.					
... wendet sein Wissen über die Systemisch-konstruktivistische Didaktik an und setzt abgeleitete Konsequenzen im Unterrichtsprozess um.					
... kennt die methodischen Aspekte des Unterrichts.					
... reflektiert über die methodischen Aspekte des Unterrichts und leitet Konsequenzen für den Unterrichtsprozess ab.					
... wendet sein Wissen über die methodischen Aspekte des Unterrichts an und setzt abgeleitete Konsequenzen im Unterrichtsprozess um.					

 in Textverarbeitung öffnen

Arbeitsblätter: Schulpädagogik
Lehrerausbildung in der Schule

■ **Weiterführende Literatur:**

Peterßen, Wilhelm H.: Lehrbuch Allgemeine Didaktik. München, 2001.

Jank, Werner / Meyer, Hilbert: Didaktische Modelle. Berlin 2005.

3.5 Kommunikation

■ 3.5.1 Kommunikationswissenschaftliche Grundpositionen

Der Bereich der Kommunikation und Interaktion ist für die Arbeit des Mentors in der schulpraktischen Ausbildung künftiger Lehrer in zweierlei Hinsicht von Bedeutung: Zum einen gehört die erfolgreiche Gestaltung von Kommunikationsprozessen in Schule und Unterricht zu den grundlegenden Fertigkeiten des Lehrers, die nur direkt im schulischen Umfeld und nicht an der Universität / Hochschule erworben werden können. Schulische und unterrichtliche Kommunikationsprozesse müssen also explizit zum Gegenstand der Beratung des Praktikanten durch den Mentor gemacht werden. Zum anderen sollte der Mentor durch vorbildliche Kommunikation mit dem Praktikanten immanente Lernprozesse auslösen.

Aufgabe zur Diagnose des Vorwissens des Praktikanten:

> Vervollständigen Sie die folgenden zwei Satzanfänge:
> – Kommunikation ist …
> – Interaktion ist …

Da Kommunikation einen äußerst multidimensionalen Prozess darstellt, die Kommunikationswissenschaft jedoch eine relativ junge Wissenschaft ist, gibt es eine Vielzahl modelltheoretischer Grundpositionen, die in Kürze überblicksartig dargestellt werden. Für das vertiefte Einarbeiten in die unterschiedlichen Modelle sei auf die weiterführende Literatur am Ende des Kapitels verwiesen. Das Kapitel beginnt mit der allgemeinsten Definition von Kommunikation und wird in den folgenden Definitionen immer detaillierter (Burkhart 2002: 20 ff.):

Definition 1: Kommunikation ist soziales Verhalten

Es gibt kommunikationstheoretische Modelle, die jedes soziale Verhalten als Kommunikation sehen. Als Verhalten wird in diesen Modellen jede Regung eines lebenden Organismus definiert. Soziales Verhalten ist das Verhalten lebender Organismen im Hinblick auf andere Lebewesen. Dies schließt sowohl das Agieren miteinander als auch gegeneinander ein. Der prominenteste Vertreter dieses Modells war der amerikanische Kommunikationspsychologe Paul Watzlawick, der aus diesem Kommunikationsverständnis sein allgemein bekanntes Axiom „Man kann nicht nicht kommunizieren" formulierte.

Definition 2: Kommunikation ist soziales Handeln

Handeln wird nach dieser kommunikationswissenschaftlichen Grundposition als intentionales (also absichtsgeleitetes) Verhalten verstanden. Handeln, das sich an anderen Menschen orientiert, ist soziales Handeln. Jemandem etwas mitzuteilen bedeutet also, durch gemeinsames Handeln Bedeutung (Weltsicht) zu teilen. Wenn es gelingt, dass mehrere Menschen diese Weltsicht tatsächlich teilen, dann hat eine Verständigung stattgefunden. Jedem kommunikativen Handeln liegt ein Interesse der kommunizierenden Partner zu Grunde. Kommunikation dient also immer auch der Interessenverwirklichung des Menschen.

Definition 3: Kommunikation ist soziale Interaktion

Nach dieser Definition ist Kommunikation ein dynamischer Vorgang zwischen mindestens zwei Lebewesen. Kommunikation ist dabei eine spezifische Form der sozialen Interaktion. Soziale Interaktion wird als das wechselseitige Geschehen zwischen zwei oder mehreren Lebewesen (Aktion – Reaktion) verstanden. Kommunikation findet statt, wenn sich mindestens zwei Lebewesen im Hinblick aufeinander kommunikativ verhalten und Verständigung (Bedeutungsvermittlung) erreichen.

Definition 4: Kommunikation ist ein vermittelter Prozess

Bei diesem Verständnis von Kommunikation rückt der Träger der Vermittlung (Medium) als unbedingter Bestandteil des Kommunikationsprozesses in den Mittelpunkt der Betrachtung. Es wird davon ausgegangen, dass das Medium der Kommunikation die Form der Mitteilung bestimmt. Dabei werden verschiedene Arten von Kommunikationsmedien unterschieden:
– primäre Medien: nonverbale Vermittlungsinstanzen, Sprache
– sekundäre Medien (Gerät auf der Senderseite): Rauchzeichen, Flaggensignale, Brief, Buch, etc.
– tertiäre Medien (technischer Sender und technischer Empfänger): Radio, TV, etc.
– quartäre Medien: digitale Medien, Online-Medien

Definition 5: Kommunikation ist symbolisch vermittelte Interaktion

Diese Definition betont, dass der Kommunikationsprozess immer auch ein Zeichenprozess ist. Ein Zeichen ist dabei eine materielle Erscheinung, der eine Bedeutung zugeordnet ist. Dabei können verschiedene Formen von Zeichen unterschieden werden:
– Natürliche Zeichen sind für das Objekt, den Vorgang, den Zustand, auf das / den sie verweisen, kennzeichnend.
– Künstliche Zeichen sind zum Zwecke der Kommunikation entstanden / erschaffen.
– Konventionelle Zeichen sind Zeichen, deren Bedeutung das Resultat einer sozialen Übereinkunft ist.

– Signale sind Zeichen, deren Funktion die unmittelbare Einwirkung auf das Verhalten anderer ist.

– Symbole sind Zeichen, deren Funktion es ist, etwas zu repräsentieren (Vertretungsfunktion).

Die in der tierischen Kommunikation verwendeten Zeichen können immer nur Signale sein. Nur in der menschlichen Kommunikation werden Zeichen sowohl als Signale als auch als Symbole verwendet.

■ 3.5.2 Das Wesen der Kommunikation

Aus den oben skizzierten modelltheoretischen Grundpositionen soll nun im Folgenden ein für Schule und Unterricht taugliches Grundmodell menschlicher Kommunikation abgeleitet werden. Wie schon im Kapitel Konstruktivistische Lerntheorien dargelegt, findet der Erwerb von Wissen durch Konstruktion von Weltsicht in jedem Individuum interindividuell unterschiedlich statt (vgl. Kapitel 3.3.4 Konstruktivistische Lerntheorien).

Da der Mensch aber gleichzeitig ein soziales Wesen ist, ist er bestrebt, das individuell erworbene Bild von der Welt mit seinen Mitmenschen abzugleichen. Dies erfolgt durch Ko-Konstruktionsprozesse. Das Mittel zum Abgleich der individuellen Weltsichten ist Kommunikation. Dies kommt bereits im Begriff „Kommunikation", der vom lateinischen „communicare" (= etwas mit jemandem teilen) abgeleitet ist, zum Ausdruck. In den folgenden Ausführungen soll Kommunikation also als Teil der sozialen Interaktion verstanden werden. Eine klare begriffliche Trennung von Interaktion und Kommunikation ist trotzdem schwierig. Interaktion (sich zueinander verhalten) wird als übergeordnete Kategorie verstanden. Kommunikation dient im Interaktionsprozess der Weitergabe, Aufnahme, dem Austausch oder der Vermittlung von Informationen, wobei unter Informationen sowohl Nachrichten als auch Gefühle, Bedürfnisse, etc. verstanden werden. Zwischenmenschliche Kommunikation findet in der Regel zwischen einem oder mehreren Sendern und Empfängern statt. Der Sender, der etwas mitteilen möchte, verschlüsselt eine Nachricht oder Botschaft in erkennbare Zeichen. Der Empfänger entschlüsselt dieses wahrgenommene Konstrukt dann. Stimmen gesendete und empfangene Nachricht im Wesentlichen überein, so war die Kommunikation erfolgreich, hat Verständigung stattgefunden. Wenn der Empfänger eine Rückmeldung (Feedback) über die empfangene Nachricht an den Sender gibt, kann der den Erfolg oder Misserfolg seines Kommunikationsversuches überprüfen.

Kommunikation erfolgt dabei immer auf unterschiedlichen Ebenen sowohl verbal als auch para- und nonverbal (vgl. Kapitel 3.5.4 und 3.5.5).

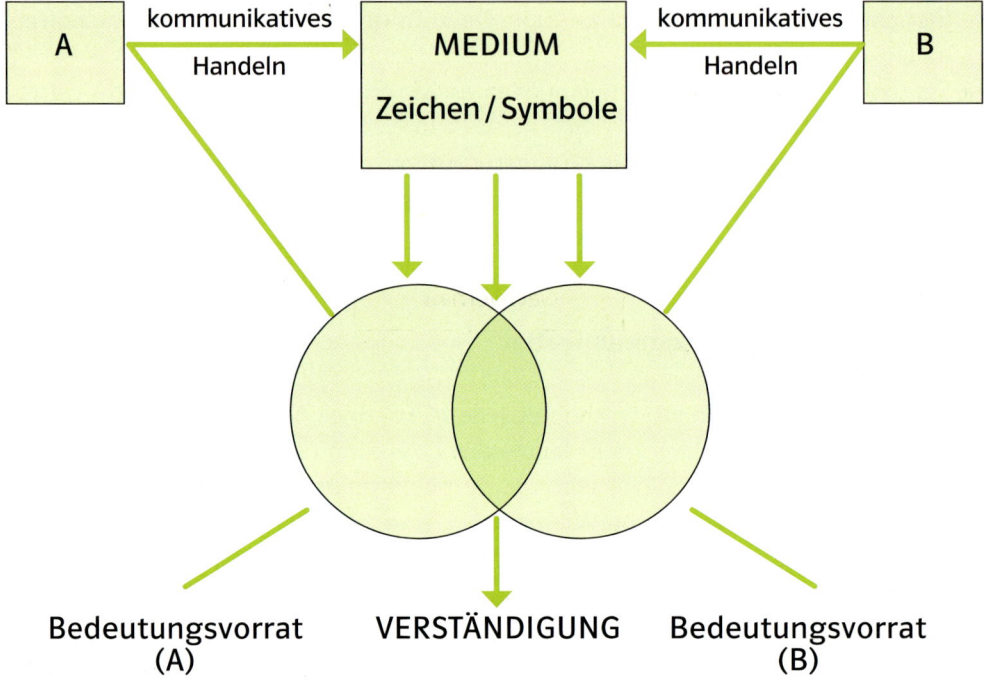

Abbildung 33: Verständigung

■ 3.5.3 Kommunikationstheoretische Modelle

Die in Kapitel 3.5.1 skizzierten Grundpositionen finden sich in einer Reihe von Kommunikationsmodellen unterschiedlicher Wissenschaftler wieder, aus deren nahezu unüberschaubarer Vielzahl die wichtigsten kurz dargestellt werden sollen:

Das Organonmodell von Karl Bühler

Karl Bühler (* 1879 in Meckesheim; † 1963 in Los Angeles) war Sprachpsychologe und Sprachtheoretiker. Er gilt als Vertreter der so genannten Würzburger Schule der Psychologie, eines ganzheitspsychologischen Ansatzes, der mit der Gestaltpsychologie verwandt ist. Das von Karl Bühler entwickelte Kommunikationsmodell stellt eine Weiterentwicklung von Platons Sprachtheorie dar. Es erklärt Sprache als komplexes Phänomen und rückt die Vermittlerfunktion von Sprache in den Mittelpunkt. Im Mittelpunkt steht das „Organum"; das sinnlich Wahrnehmbare, also das sprachliche Zeichen. Es steht in Relation zu den drei anderen Komponenten: dem Sender, dem Empfänger und den realen Gegenständen und Sachverhalten. Nach Karl Bühler hat Sprache drei Funktionen: Ausdruck, Appell und Darstellung. Die „Darstellung" ist die Repräsentation eines Gegenstands oder Sachverhalts durch ein oder mehrere Zeichen. Der „Ausdruck" bezeichnet die Beziehung zwischen Sender und Zeichen. Der „Appell" beschreibt die Beziehung und auch die Wirkung des Zeichens auf den Empfänger. Das Gesamtkonstrukt ist die Kommunikation zwischen zwei Personen mittels Sprache. Das Bühler'sche Organonmodell wurde von Friedemann Schulz von Thun weiterentwickelt.

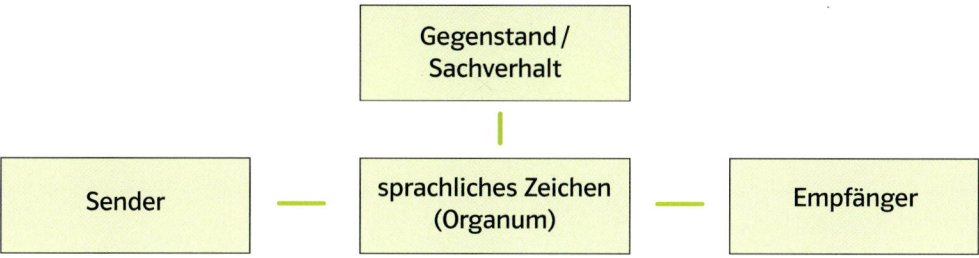

Abbildung 34: Organonmodell nach Bühler

Das Kommunikationsmodell nach Paul Watzlawick

Der 1921 in Österreich geborene und 2007 in Kalifornien gestorbene Kommunikationswissenschaftler, Psychotherapeut, Psychoanalytiker, Soziologe und Philosoph Paul Watzlawick wurde durch seine Veröffentlichungen zur Kommunikationstheorie und zum radikalen Konstruktivismus bekannt.

Paul Watzlawicks Kommunikationstheorie basiert auf fünf pragmatischen Axiomen. Diese Axiome sind die Grundlage von Regeln für eine funktionierende Kommunikation. Jede Störung von Kommunikation kann nach Watzlawick auf ein Handeln gegen diese Axiome zurückgeführt werden:

1. **In einer sozialen Situation kann man nicht nicht kommunizieren. Auch Schweigen und Nichthandeln teilen etwas mit.**
2. **Jede Kommunikation hat einen Inhalts- und einen Beziehungsaspekt. Auf der sachlichen Ebene werden Inhalte mitgeteilt; auf der Beziehungsebene wird mitgeteilt, wie diese Inhalte aufzufassen sind.**
3. **In einem Kommunikationsablauf ist das Verhalten des einzelnen Teilnehmers sowohl Reaktion auf das Verhalten des anderen, gleichzeitig aber auch Reiz und Verstärkung für das Verhalten des anderen. Ein wichtiges Merkmal menschlicher Kommunikation ist Interdependenz, d.h. wechselseitige Steuerung und Kontrolle der Kommunikation durch die beteiligten Gesprächspartner.**
4. **Menschliche Kommunikation bedient sich digitaler und analoger Modalitäten. Nicht nur das gesprochene Wort vermittelt Informationen, sondern auch die Körpersprache.**

5. Zwischenmenschliche Kommunikationsabläufe können symmetrisch und/oder komplementär sein. Beziehungen zwischen Partnern basieren entweder auf Gleichheit oder auf Unterschiedlichkeit. In komplementären Kommunikationssituationen ist die Beziehungsgrundlage Unterschiedlichkeit der Partner. Häufig drückt sich diese Unterschiedlichkeit in einer Unterordnung aus. Eine symmetrische Beziehungsform zeichnet sich dadurch aus, dass sich die Partner um Gleichheit (Gleichrangigkeit) bemühen (vgl. Watzlawick et al., 1969, S. 53 ff.).

Das Eisberg-Modell der Kommunikation

Das Eisberg-Modell geht auf den Begründer der Psychoanalyse Sigmund Freud (1856–1939) zurück. Wie bei einem Eisberg, von dem auch nur ca. 1/7 sichtbar, aber 6/7 unterhalb der Wasseroberfläche verborgen sind, ist bei der Kommunikation nur ein kleiner Teil dessen, was ausgetauscht wird, offensichtlich (vgl. Abbildung 35). Dieser offensichtliche Teil sind zumeist die Informationen der Inhalts- oder Sachebene. Diese werden meist in sprachlicher (verbaler Form) übertragen. Die vielfältigen Informationen der Beziehungsebene ergänzen und modifizieren die Informationen der Sachebene jedoch ganz wesentlich. Die Klärung der Beziehung im Kommunikationsprozess ist Voraussetzung für gelingende Kommunikation. Störungen auf der Beziehungsebene wirken sich immer auch auf die Sachebene aus.

Der Kommunikations-Eisberg

Inhaltsebene (1/7)
(Zahlen, Daten, Fakten, rationales Handeln)

Beziehungsebene (6/7)
(Gefühle, Einstellungen, Gewohnheiten,
Denk- und Handlungsmuster)

Abbildung 35: Der Kommunikations-Eisberg

Die Informationsverlusttreppe nach Shannon und Weaver

Ein sehr bekanntes psychologisches Modell der Kommunikation stammt von Shannon und Weaver aus dem Jahre 1949. Nach Shannon und Weaver muss eine Kommunikation sechs Elemente enthalten: die Informationsquelle, die Verschlüsselung, die Nachricht, den Kanal, die Entschlüsselung und den Empfänger. Die von Shannon und Weaver erarbeitete Informationsverlusttreppe stellt dar, dass zwar nonverbale Kommunikation direkt und ohne Verluste vom Sender zum Empfänger geht, die verbalen Inhalte der Kommunikation jedoch bei der Kommunikation einen Informationsverlust erleiden.

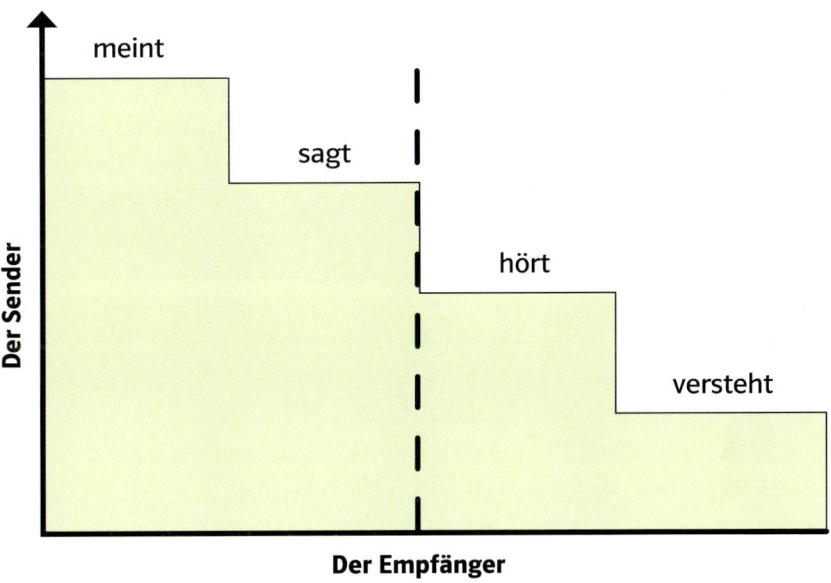

Abbildung 36: Die Informationsverlusttreppe

Das Kommunikationsmodell nach Friedemann Schulz von Thun

Das Kommunikationsmodell Friedemann Schulz von Thuns ist eine Weiterentwicklung des Bühler'schen Organonmodells. Nach Schulz von Thuns Kommunikationsmodell ist jede Nachricht, die von einem Sender an einen Empfänger gesendet wird, mehrdimensional. Jede Nachricht hat vier Seiten (Aspekte): den Sachinhalt – worüber der Sender informiert, die Selbstoffenbarung – was der Sender von sich selbst kundgibt, die Beziehung – was der Sender vom Empfänger hält und den Appell – wozu der Sender den Empfänger veranlassen möchte (vgl. Abbildung 37).

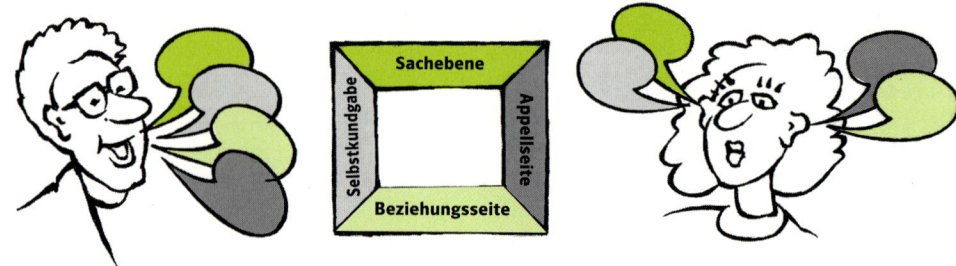

Abbildung 37: Kommunikationsmodell nach Schulz von Thun

Diese vier Aspekte werden sowohl vom Sender (bewusst oder unbewusst) immer in die Nachricht eingeschlossen, als auch vom Empfänger (bewusst oder unbewusst) immer dekodiert. Dabei ist die ankommende Nachricht immer ein Machwerk des Empfängers, indem dieser etwas wahrnimmt, dies interpretiert und dadurch etwas fühlt. Einseitige Sende- oder Empfangsgewohnheiten bzw. Missinterpretationen der Nachrichten auf einer der vier Seiten können dabei zu Kommunikationsstörungen führen.

Themenzentrierte Interaktion nach Ruth Cohn

Ruth Cohn ist eine Vertreterin der humanistischen Psychologie. Sie gilt als Begründerin der Themenzentrierten Interaktion (TZI). Die Themenzentrierte Interaktion (TZI) entstand im theoretischen Kontext der Psychoanalyse, der Gruppentherapien sowie der Humanistischen Psychologie. Sie findet unter anderem in ganz unterschiedlichen Bereichen der Pädagogik ihren Niederschlag.

Das Konzept der TZI basiert auf 3 Axiomen:
1. „Der Mensch ist eine psycho-biologische Einheit. Er ist auch Teil des Universums. Er ist darum autonom und interdependent. Autonomie (Eigenständigkeit) wächst mit dem Bewusstsein der Interdependenz (Allverbundenheit)" (Cohn 1975: 120).
2. „Ehrfurcht gebührt allem Lebendigem und seinem Wachstum. Respekt vor dem Wachstum bedingt bewertende Entscheidungen. Das Humane ist wertvoll, Inhumanes ist wertbedrohend" (Cohn 1975: 120).
3. „Freie Entscheidung geschieht innerhalb bedingender innerer und äußerer Grenzen. Erweiterung dieser Grenzen ist möglich" (Cohn 1975: 120).

Jede Kommunikation wird nach dem Modell der TZI durch drei Faktoren bestimmt:
– das Ich (die Person)
– das Wir (die Gruppe)
– das Es (das Thema)

Diese Faktorenkonstellation ist eingebettet in eine Umgebung, die durch Zeit, Ort und deren historische, soziale und teleologische Gegebenheiten (Globe) determiniert ist (vgl. Gudjons 2003: 82 ff.).

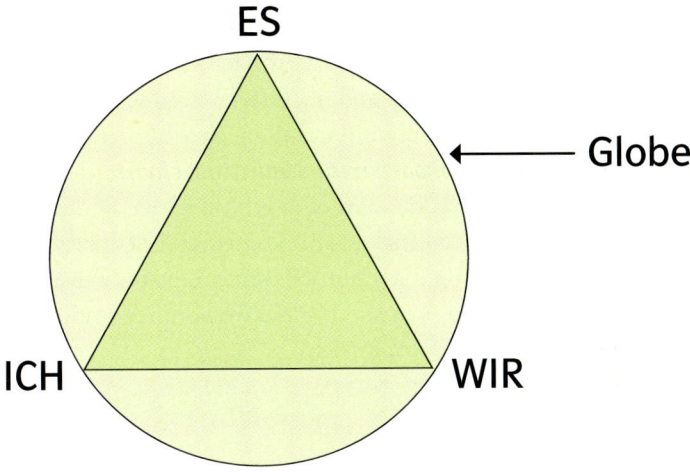

Abbildung 38: Schema TZI

Aus den Axiomen und Postulaten der TZI lassen sich folgende Regeln themenzentrierter Interaktion ableiten:

- Sei dein eigener Chairman.
- Gib Störungen angemessenen Raum.
- Vertritt dich selbst in deinen Aussagen. Sprich per „ich" und nicht per „man" oder „wir".
- Stelle möglichst nur Informationsfragen.
- Seitengespräche haben Vorrang.
- Nur einer zur gleichen Zeit.
- Sei authentisch in deiner Kommunikation.
- Sei selektiv.
- Beachte die Signale deines Körpers und achte auf solche Signale bei anderen.
- Sprich deine persönlichen Reaktionen aus und stelle Interpretationen so lange wie möglich zurück.

(vgl. http://arbeitsblaetter.stangl-taller.at / KOMMUNIKATION / TZIRegeln.shtml)

■ 3.5.4 Verbale Kommunikation im Unterricht

Verbale Kommunikation erfolgt durch Sprachhandlungen, bzw. konkrete Sprechakte. Träger verbaler Kommunikation sind Wörter und Sätze. Diese können sowohl primär monologisch als auch dialogisch ausgerichtet sein. Zu den eher monologischen Sprechakten gehören Argumentieren, Assoziieren, Loben, Anerkennen, Zustimmen, Raten, Hinweisen, Impulse geben, Bitten, Erinnern, Ermahnen, Kritisieren, Fragen, Anweisen, Drohen, Verbieten, Urteilen, Befehlen, etc.
Die Sprache des Lehrers im Unterricht beeinflusst sowohl das sozial-emotionale Klima im Unterricht als auch das Arbeitsverhalten der Schüler. Dabei nimmt der Lehrer auch über die Sprache Einfluss auf kognitive Lernprozesse (z.B. Wissenserwerb, Denk- und Urteilsfähigkeit), auf affektive Lernprozesse (z.B. Einstellungen zum Fach und zu den Lernpartnern, Arbeitsatmosphäre) und auf psychomotorische Lernprozesse (z.B. manuelle Fertigkeiten).

Die Determinanten der Lehrersprache

Die Sprache des Lehrers ist von einer Reihe von Faktoren abhängig. Dazu gehören:
- die Persönlichkeit des Lehrers (Alter, Geschlecht, Temperament, Berufserfahrung, Einstellungen zum Beruf und zu den Schülern, Weltanschauung, etc.)
- die Persönlichkeiten der Schüler (Alter, Geschlecht, Intelligenz, Begabungen, soziale Herkunft, Einstellungen, Interessen, Stimmungen, etc.)
- der Unterrichtsgegenstand (Art des Unterrichtsgebietes, wissenschaftliche Erschlossenheit, Schwierigkeitsgrad, etc.)
- die Unterrichtsorganisation (Methoden, Medien, etc.) (vgl. Spanhel 1977: 105 ff.)

Gute Lehrer adaptieren ihre Sprache anhand der oben genannten Determinanten, d.h. sie stellen sich sprachlich auf die jeweilige Schülerklientel und die Unterrichtssituation ein.

Anforderungen an die Lehrersprache

Als besonders positiv hat sich eine Lehrersprache herausgestellt, die
- in der Grundtendenz positiv ist,
- generell zurückhaltend ist,
- weniger Fragen stellt,
- schülerzentriert ist,
- Schülerverhalten indirekt beeinflusst,
- sich reversibler Äußerungen bedient,

- Befehle selten verwendet, stattdessen sachlich informiert,
- Verbote in unpersönlicher genereller Anrede ausspricht,
- die Schüler mit Namen adressiert,
- Höflichkeitsformeln verwendet. (vgl. Spanhel 1977: 116 ff.)

3.5.5 Körpersprache im Unterricht

„In der Körpersprache offenbart sich die Seele des Menschen", meint Samy Molcho, weltbekannter Pantomime, Professor an der Universität von Tel Aviv und Spezialist auf dem Gebiet der Körpersprache.

Das Wesen der Körpersprache

Die nonverbale Kommunikation ist die älteste und wahrscheinlich erste Form zwischenmenschlicher Kommunikation. Sie lässt sich durch folgende Merkmale charakterisieren:

- Der Körper ist nie stumm. Nonverbale Kommunikation findet, bewusst oder unbewusst, kontinuierlich statt. Eine wichtige Rolle spielen nonverbale Signale besonders beim ersten Eindruck, den wir uns von einem unbekannten Menschen machen.
- Obwohl sich gerade die nonverbalen Anteile der Kommunikation häufig unter- oder unbewusst äußern, darf ihre Wichtigkeit nicht unterschätzt werden. Sie fördern oder beeinträchtigen den Verlauf kommunikativer Prozesse in erheblichem Maße. Das Verhältnis von verbaler zu nonverbaler Kommunikation beträgt dabei etwa 20:80 (vgl. Kaiser 1998: 36).
- Emotionale Zustände drücken sich durch Körpersprache wesentlich komplexer aus als durch Sprache.
- Da die Körpersprache schwer bewusst zu steuern ist, sind nonverbale Botschaften oft unmittelbarer und unkontrollierter, also „echter" als verbale Mitteilungen. Wenn verbale und nonverbale Botschaften nicht im Einklang stehen oder sich gar widersprechen, vertrauen die meisten Menschen, wenn auch meist nur unbewusst, den Botschaften der Körpersprache.
- Nonverbale Kommunikation ist häufig nicht eindeutig, daher leicht abstreitbar. Interessant ist dabei auch, dass Körpersprache sehr stark kulturell determiniert ist und es besonders schnell bei Menschen mit unterschiedlichem ethnischen oder sozialen Hintergrund zu Missverständnissen kommen kann. Außerdem unterscheiden sich nonverbale Signale geschlechter- und gruppenspezifisch.

Körpersprache erfüllt dabei immer mehrere Funktionen:

- **Die parasemantische Funktion: Körpersprache kann Worte und verbal ausgedrückte Bedeutungen ersetzen, hervorheben, illustrieren, verändern oder negieren.**
- **Die parasyntaktische Funktion: Körpersprache kann Satzstrukturen körpersprachlich akzentuieren und den Redefluss regulieren.**
- **Die parapragmatische Funktion: Körpersprache kann die Haltung und die Einstellung des Sprechers zum vorgetragenen Inhalt zum Ausdruck bringen (Selbstoffenbarung).**
- **Die dialogische Funktion: Körpersprache kann den Verlauf eines Gesprächs organisieren, regulieren und steuern** (vgl. Ellgring 2004: 18).

Übertragungskanäle nonverbaler Kommunikation

Nonverbale Kommunikation ist immer mehrdimensional, d.h. findet immer über mehrere unterschiedliche Wahrnehmungskanäle statt. Diese Kanäle sind in Abbildung 39 dargestellt.

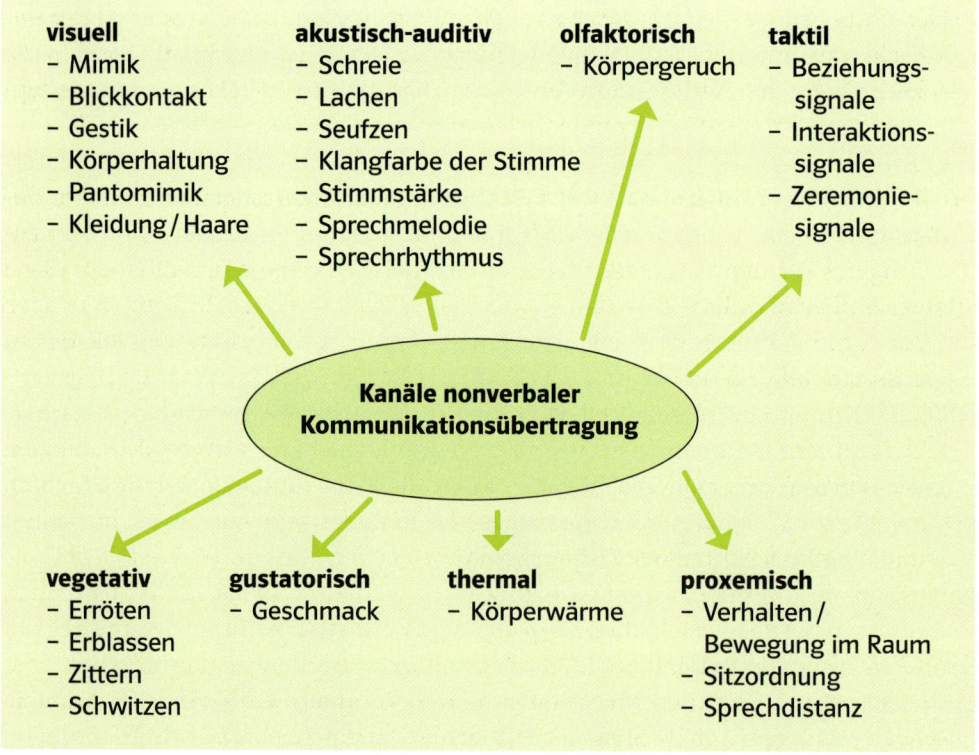

Abbildung 39: Kanäle nonverbaler Informationsübertragung

Die Körpersprache des Lehrers

Grundlegende Kenntnisse um Wesen und Zusammenhänge körpersprachlicher Kommunikation sind für den Lehrer von großer Bedeutung. Die Personenwirkung des Lehrers wird sehr stark durch sein nonverbales Verhalten bestimmt. Deshalb ist es für den in und vor der Klasse agierenden Lehrer wichtig, sich seiner körpersprachlichen Signale zumindest bewusst zu sein oder seine Körpersprache eventuell bis zu einem gewissen Grade sogar gezielt einzusetzen. Angehende Lehrer sind gerade in diesem Bereich häufig noch sehr unsicher. Deshalb ist es für den Mentor äußerst wichtig, den Praktikanten bezüglich seiner Körpersprache zu analysieren und zu beraten. Die wichtigsten Bereiche körpersprachlichen Lehrerverhaltens werden im Folgenden kurz umrissen.

Mimik: Der Gesichtsausdruck spielt bei der Übermittlung von Gefühlen eine wesentliche Rolle, d.h. menschliche Gefühle spiegeln sich meist im Gesichtsausdruck wider. Das Gesicht offenbart dabei hauptsächlich sechs Gefühle: Angst, Furcht, Glück, Trauer, Überraschung und Abscheu. Die Mimik ist der ursprünglichste Bereich der Körpersprache, und damit auch der am schwersten zu steuernde. Als Lehrer sollte man den zu häufigen bewussten Einsatz extremer Mimik jedoch meiden, da dies leicht lächerlich wirken kann. Ebenso wirken widersprüchliche mimische Signale (falsches Lächeln) verwirrend und sollten vermieden werden.

Blickkontakt: Der Blick verrät, welchen Grad an Aufmerksamkeit und innerer Beteiligung die Gesprächspartner in die Kommunikation einbringen. Häufige Blickzuwendungen bedeuten Aufmerksamkeit, Zuneigung oder Freundlichkeit. Ein langer intensiver Blickkontakt ist ein Zeichen für gesteigertes Interesse. Er kann aber auch als Belastung oder gar Bedrohung empfunden werden, wenn man nicht weiß, ob das Interesse freundlicher oder aggressiver Natur ist. Länge und Intensität von Blickkontakten sind dabei kulturspezifisch unterschiedlich.
Der Lehrer sollte möglichst häufig die Blicke der Schüler „einsammeln", d.h. einen angemessenen Blickkontakt zu möglichst vielen Schülern aufbauen. Dies sollte ruhig geschehen. Ein zu hektisches Hin- und Herblicken, der so genannte „Scheibenwischerblick", trägt Unruhe in die Klasse und verunsichert die Schüler. Gerade am Anfang einer Unterrichtssequenz empfiehlt es sich, zunächst Blickkontakt zu offenen, freundlichen Schülern zu suchen, da sich der Austausch positiver Stimmungen auf das Klassenklima überträgt.
Wohl dosiert sollten lange Fixierungen durch Augenkontakt eingesetzt werden. Drohstarren (so genanntes „Primatenstarren") kann helfen, Unterrichtsstörungen im Anfangsstadium zu unterbinden, es verliert jedoch an Wirkung, wenn es inflationär eingesetzt wird.

Gestik: Die Bewegungen der Hände sind entweder auf ein Objekt gerichtete Bewegungen, auf ein Gespräch bezogene Gesten oder Gesten, die über das Verhältnis der Kommunikationspartner Auskunft geben. Gestik scheint in engem Zusammenhang mit der Sprache entstanden zu sein; in jedem Fall erst nach der Entstehung des aufrechten Ganges. Gestik ist also entwicklungsgeschichtlich jünger als die Mimik und, da häufig sprachbegleitend (parasemantisch und parasyntaktisch) eingesetzt, auch besser steuer- und erlernbar. Eine offene Handhaltung und offene Gesten vermitteln Offenheit, Interesse und Freundlichkeit. Gesten oberhalb der Gürtellinie wirken positiver als solche unterhalb der Gürtellinie. Ebenso wichtig ist es, zumeist unbewusst auftretende Übersprungshandlungen (am Kopf kratzen, Reiben der Finger, nervöses Wippen, etc.) zu vermeiden, da sie ebenfalls Unruhe in die Klasse tragen. Für den Lehrer ist es wichtig, einen freien Standpunkt vor oder in der Klasse zu wählen, so dass die eingesetzte Gestik auch von allen Schülern wahrgenommen werden und so ihre volle Wirkung entfalten kann.

Körperhaltung: In Verbindung mit der Gesprächsdistanz ist die Körperhaltung eines Menschen häufig ein Anzeichen für seine Absichten und seine Beziehung zum Kommunikationspartner. So bedeutet das sich Hinwenden zum Kommunikationspartner gesteigerte Aufmerksamkeit, körperliches Zurückweichen dagegen Ablehnung.

Als potentielle Bedrohung wird empfunden, wenn man sich über den Kommunikationsparter beugt oder sich aus einer erhöhten Sitzposition heraus an ihn wendet. Sich mit jemandem auf gleiche Augenhöhe zu begeben, indem man sich setzt oder gar hinkniet, gilt als situationsentspannend. Sich zu erheben und hoch aufgerichtet zu stehen ist hingegen ein deutliches Dominanzsignal; ein aufrechter lockerer Stand strahlt Selbstbewusstsein und Selbstsicherheit aus. Die Haltung des Kopfes hat eine ähnliche Wirkung wie die Körperhaltung: Ein emporgerecktes Kinn gilt wie eine erhöhte Position als Zeichen eines Dominanzanspruchs; ein gesenkter Kopf dagegen wirkt wie das Hinknien unbedrohlich.

Die Position des Lehrers vor der Klasse sollte so gewählt werden, dass alle Schüler guten Blickkontakt aufbauen können. Die Körperhaltung sollte aufrecht, aber locker sein. Zu starke Dominanzsignale sind der Beziehung zwischen Lehrern und Schülern und somit der Arbeitsatmosphäre abträglich. Auf einen festen Stand ist zu achten; ein Überkreuzen der Beine zum Beispiel wird leicht als Zeichen von Unsicherheit interpretiert. Das Zukehren des Rückens zur Klasse gilt es zu vermeiden. Auch beim Tafelanschrieb sollte der Körper einen offenen Winkel zur Klasse bilden. Eine sitzende Haltung, womöglich noch hinter einem Pult oder Tisch, unterbricht den Kontakt zur Schülergruppe und ist für den körpersprachlichen Austausch ungünstig.

Kleidung/äußere Erscheinung/Haarstil: Die Wahl der Kleidung und des Haarstils kann die Körpersprache eines Menschen verstärken oder mildern. Durch die bewusste Auswahl eines Kleidungsstils kann der Lehrer größere Nähe oder größere Distanz zum Schüler erzeugen. Hierfür können nur wenige Ratschläge erteilt werden. In jedem Falle sollte die Kleidung angemessen sein, ohne der Persönlichkeit des jeweiligen Lehrers zu sehr zu widersprechen. Gerade Praktikanten in den ersten schulpraktischen Phasen haben hier die Chance, mit der Wirkung unterschiedlichen Aussehens ein wenig zu experimentieren. Zu extravagante oder sexuell aufreizende Kleidung verbietet sich selbstredend.

Stimme: Die Klangfarbe der Stimme, Stimmstärke, Sprechmelodie und Sprechrhythmus lassen sich nicht ganz eindeutig der nonverbalen Kommunikation zuordnen. Diese Merkmale modifizieren in der Regel die verbale Kommunikation und werden deshalb manchmal auch einer eigenständigen Kategorie, der Kategorie der paraverbalen Kommunikation, zugeordnet.

Körpergeruch: Der Einfluss von körpereigenen Geruchsstoffen (Pheromonen) auf die Kommunikation darf auf keinen Fall unterschätzt werden. Jeder Mensch hat seinen ganz spezifischen, körpereigenen Individualgeruch, der bei der Ausbildung von Sympathie oder Antipathie für den Kommunikationspartner eine entscheidende Rolle zu spielen scheint. Auf gepflegte Erscheinung auch in diesem Bereich zu achten, sollte für jeden (künftigen) Lehrer selbstverständlich sein.

Erröten/Erblassen/Zittern/Schwitzen: Diese vegetativen Körpersignale lassen sich nur schwer unterdrücken, werden aber von Schülern sehr wohl deutlich wahrgenommen. Hier sollten zunächst die auslösenden Ursachen eruiert werden, so dass man durch deren Beseitigung auch die Symptome abstellen kann. Gerade für Studierende in ersten Praktika ist ein beruhigendes Gespräch schon hilfreich und vor allem der Hinweis darauf, dass mit einsetzender Routine und Sicherheit solche Symptome in den allermeisten Fällen verschwinden. In besonders schweren Fällen kann auch der Verweis auf autogenes Training hilfreich sein.

Distanzzonen und Ausnutzung des Raumes: Der Abstand zwischen den an einer Kommunikation beteiligten Personen hat einen wesentlichen Einfluss auf die Intensität des Verhältnisses zwischen den Kommunikationspartnern und damit auch auf die Kommunikation selbst. Je nach Größe des Abstandes der Gesprächspartner unterscheidet man die intime, die persönliche, die gesellschaftliche und die öffentliche Distanzzone. Diese Distanzzonen variieren stark in unterschiedlichen Kulturkreisen. In Mitteleuropa reicht die intime Distanzzone vom direkten Körperkontakt bis zu einer Entfernung von ca. 60 Zentimetern. Die persönliche Distanzzone umfasst etwa eine Entfernung von 60 bis 150 Zentimeter. Die gesellschaftliche Distanzzone bewegt sich in etwa von 150 Zentimeter bis 4 Meter. Die öffentliche Distanzzone beginnt bei etwa 4 Metern Abstand.

Der Lehrer muss sich dieser Distanzzonen bewusst sein. Vor der Klasse wird er in der Regel in der gesellschaftlichen Distanzzone agieren. Dabei ist es richtig, einen festen Standpunkt zu wählen, der akzentuiert, aber nicht zu häufig verändert wird. Unstetes Wandern durch die Klasse initiiert Unruhe und lenkt von den Kommunikationsinhalten ab.

Begibt sich der Lehrer in Einzel- oder Gruppenarbeitsphasen in die Klasse hinein, gilt es in jedem Falle, die intime Distanzzone der Schüler zu respektieren. Ein Eindringen in diesen Bereich wird von den Schülern grundsätzlich als negativ empfunden. Eine weit verbreitete Unsitte ist das „Anschleichen" an den Schüler von hinten mit anschließendem dominanten Sich-über-den-Schüler-lehnen. Dies muss zu einer gestörten Kommunikation führen. Viel besser ist es, sich von vorn, „angekündigt", zu nähern, beim Schüler eine seitliche Position einzunehmen und sich unter Umständen, durch Hinhocken, auf Augenhöhe des Schülers zu begeben.

Berührungen: Berührungen sind besonders starke Signale, im positiven wie im negativen Sinne. Andere Signale lassen sich ignorieren; Berührungen erzwingen in der Regel eine Reaktion. Auch hier gibt es wiederum kulturspezifische Unterschiede: Während in beziehungsorientierten Kulturen Berührungen häufig zur Kontaktaufnahme dazugehören, können sie in anderen Kulturen ein Tabu sein. Der Lehrer sollte Berührungen, natürlich abhängig von der Schülerklientel, wenn überhaupt, stets wohl überlegt und wohl dosiert einsetzen.

Schüler bemerken sehr schnell, wenn der Lehrer körpersprachliche Signale der Unsicherheit sendet. Dazu gehören geweitete Pupillen, Schweißausbrüche, trockener Mund (Räuspern), weiche Knie, Blässe, erhöhter Blutdruck, höhere Atemfrequenz und nervöse / fahrige Gesten (mit Fingern trommeln, mit Haaren spielen, Blickkontakt meiden, etc.). Diese Symptome der Unsicherheit gilt es zu vermeiden. Sicherheit lässt sich durch zunehmende Routine, aber auch durch Selbstbejahung, gute Vorbereitung, durch Herausfinden der Gründe für die Unsicherheit und deren gezielten Abbau und durch Entspannung gewinnen. Aber nicht vergessen: Etwas Lampenfieber ist positiv!

Die Körpersprache der Schüler

Schüler senden permanent bewusst oder unbewusst körpersprachliche Mitteilungen, deren Verständnis und richtige Interpretation nicht unerheblich zu gelingenden schulischen Interaktions- und Kommunikationsprozessen beitragen. Diese Signale zu erkennen, zu verstehen und richtig zu interpretieren gehört zu den Berufsfertig-keiten des Lehrers.

So sollten künftige Lehrer z. B. anhand der Körpersprache der Schüler erkennen, ob diese konzentriert und aufmerksam dem Unterricht folgen bzw. in Einzel- oder Gruppenarbeit aktiv tätig sind oder diese Aufmerksamkeit bzw. Aktivität nur vor-täuschen und in Wirklichkeit Nebentätigkeiten nachgehen. Constanze Kaiser (1998: 115 ff.) unterscheidet dazu körpersprachliches Ausdrucksverhalten der Schüler in Interaktionssituationen des Engagements (Konzentration, Aufrechterhaltung des Arbeitens), des Nebenengagements (Ablenkung von außen, Ich-Befangenheit, In-teraktions-Befangenheit, Fremd-Befangenheit, geheucheltes Engagement) und der Imagepflege (Gelassenheit, Vermeidung, Korrektur, Eroberung).
Die Fertigkeit, all diese verschiedenen Interaktionssituationen durch das körper-sprachliche Verhalten der Schüler richtig interpretieren zu lernen, kann der künftige Lerner nur durch praktische Erfahrungen und durch die modelltheoretische Reflexi-on dieser Praxiserfahrungen gemeinsam mit dem Mentor erwerben.

27. Beobachtungsbogen Sprache ————————

27. Beobachtungsbogen für den Mentor: Sprache des Praktikanten

Name des Praktikanten:

Name des Mentors:

Datum: Klasse: Stunde:

Kompetenzen	Ausprägung				
	++	+	o	-	--
Sprachstil:	++	+	o	-	--
Sprachanteile angemessen?					
Hochsprache – Dialekt angemessen?					
Jargon?					
Satzbau in Ordnung?					
Wortschatz flexibel?					
Anschaulich gesprochen?					
Lebhaft gesprochen?					
Komplexität angemessen?					
Ironie und / oder Sarkasmus?					
Individualisierung:	++	+	o	-	--
Schüler mit Namen angesprochen?					
Sprache auf konkreten Schüler eingestellt?					
Ich-Botschaften vs. Du-Botschaften?					
Fragen:	++	+	o	-	--
Präzise formuliert?					
Angemessen einfach formuliert?					
Zeit zum Nachdenken gelassen?					
Verschiedene Fragetypen (konvergent / divergent) verwandt?					
Fragen flexibel formuliert?					

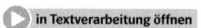 in Textverarbeitung öffnen

Arbeitsblätter: Schulpädagogik
Lehrerausbildung in der Schule

27. Beobachtungsbogen Sprache ————

Kompetenzen	Ausprägung				
	++	+	o	-	--
Impulse:	++	+	o	-	--
Denkanstöße angemessen gesetzt?					
Sprechimpulse angemessen verwendet?					
Reflektierendes Sprechen:	++	+	o	-	--
Aktiv zugehört?					
Mit „vier Ohren" gehört?					
Schülerantworten angemessen zusammengefasst?					
„Lehrerecho" angemessen eingesetzt?					
Schweigen:	++	+	o	-	--
Schweigen zielgerichtet eingesetzt?					
Pausen angemessen lang?					
Schüler ausreden lassen?					
Lob / Zustimmung:	++	+	o	-	--
Häufig genug gelobt?					
Erwünschtes Verhalten verstärkt?					
Lob begründet?					
Tadel:	++	+	o	-	--
Angemessen eingesetzt?					
Auf das jeweilige tadelnswerte Verhalten bezogen?					
Sprachliche Marotten:	++	+	o	-	--
Vorhanden?					

Bemerkungen:

_____

_____

_____

Arbeitsblätter: Schulpädagogik
Lehrerausbildung in der Schule

28. Beobachtungsbogen Körpersprache

28. Beobachtungsbogen für den Mentor: Körpersprache des Praktikanten

Name des Praktikanten:

Name des Mentors:

Datum: Klasse: Stunde:

Kompetenzen	Ausprägung				
	++	+	o	-	- -
Äußere Erscheinung:	++	+	o	-	- -
Kleidung angemessen?					
Haarstil angemessen?					
Körperschmuck angemessen?					
Mimik:	++	+	o	-	- -
Mimik kontrolliert?					
Mimik bewusst eingesetzt?					
Mimik kongruent eingesetzt?					
Blickkontakt:	++	+	o	-	- -
Schülerblicke gesammelt?					
Länge und Intensität des Blickkontaktes angemessen?					
Starren dosiert eingesetzt?					
Gestik:	++	+	o	-	- -
Offene Armhaltung?					
Offene Kontaktgesten?					
Sprachbegleitende Gestik angemessen?					
Körperhaltung:	++	+	o	-	- -
Sichtbarkeit?					
Freies Stehen?					

 ▶ in Textverarbeitung öffnen

    Arbeitsblätter: Schulpädagogik
Lehrerausbildung in der Schule   34

28. Beobachtungsbogen Körpersprache _____

Kompetenzen	Ausprägung				
	++	+	o	-	--
Beinstellung?					
Barrieren aufgebaut?					
Dominanzsignale richtig eingesetzt?					
Stimme:	++	+	o	-	--
Lautstärke in Ordnung?					
Sprechgeschwindigkeit angemessen?					
Sprechpausen richtig gesetzt?					
Klangfarbe angemessen?					
Distanzzonen und Raumverhalten:	++	+	o	-	--
Standort richtig gewählt?					
Standortwechsel angemessen oft?					
Distanzzonen beachtet?					
Berührungen:	++	+	o	-	--
Sensibel eingesetzt?					
Körpersprache der Unsicherheit:	++	+	o	-	--
Erröten?					
Erblassen?					
Zittern?					
Schwitzen?					
Übersprungshandlungen?					

Bemerkungen:

_____

_____

_____

■ **Weiterführende Literatur:**

Burkart, Roland: Kommunikationswissenschaft. Böhlau 2002.

Schulz von Thun, Friedemann: Miteinander reden. Teil 1. Störungen und Klärungen. Allgemeine Psychologie der Kommunikation. Reinbek bei Hamburg 1996.

Schulz von Thun, Friedemann: Miteinander reden. Teil 2. Stile, Werte und Persönlichkeitsentwicklung. Differentielle Psychologie der Kommunikation. Reinbek bei Hamburg 1996.

Heidemann, Rudolf: Körpersprache im Unterricht. Ein Ratgeber für Lehrende. Wiebelsheim 2003.

Kaiser, Constanze: Körpersprache der Schüler. Lautlose Mitteilungen erkennen, bewerten, reagieren. Neuwied, Kriftel, Berlin 1998.

4 Der Mentor als Beurteiler

Eine formelle Beurteilung des Praktikanten durch den Mentor ist in den allermeisten Fällen für die während des universitären Studiums stattfindenden Praktika bisher nicht vorgesehen. Kriterien der Beurteilung sind in vielen Fällen nicht vorgegeben. Die standardisierte Beurteilung des Referendars durch die Schule wird in der Regel erwartet.

Für den Aufbau berufsrelevanter Kompetenzen während der praktischen Ausbildungsphasen ist es aber für den künftigen Lehrer natürlich außerordentlich wichtig, ein Feedback über den Stand der eigenen Kompetenzentwicklung zu erhalten. Hierbei ist zu bedenken, dass die vom Praktikanten im eigenen Lernprozess erfahrene Bewertungs- und Beurteilungskultur natürlich Auswirkungen auf das spätere Umgehen mit diesem essentiellen Aspekt des Lehrerberufes hat.

Die Beurteilung des Mentee ist auch deshalb ein besonders sensibler Bereich, da der Mentor sich zwangsläufig in einem sozialen Rollenkonflikt befindet. Er ist zugleich derjenige, der betreut und berät, aber auch der, der beurteilt. Dies ist, besonders wenn es sich um Beurteilungen mit Konsequenzen für die weitere Berufsentwicklung des Mentee handelt, nicht einfach zu handhaben. Es empfiehlt sich deshalb, Situationen, in denen die Interaktion zwischen Mentee und Mentor beurteilungsrelevant ist, klar und transparent als solche darzustellen, um das aufgebaute Vertrauensverhältnis nicht zu gefährden.

4.1 Leistung und Leistungsbeurteilung

Leistungsbeurteilungen finden in sozialen (Lern)Situationen immer statt. Das heißt, der Lernende erhält von den Mitlernern oder (falls vorhanden) dem Lehrenden permanent Rückmeldungen über die Qualität seines Lernprozesses. Dies kann subtil und unauffällig (oft nonverbal), häufig sogar unter- oder unbewusst, geschehen. So signalisieren ein freundliches Lächeln oder ein aufmunterndes Kopfnicken Bestätigung; ein Stirnrunzeln oder Hochziehen der Augenbraue Missbilligung (vgl. Kapitel 3.5.5). Die eigentliche Form der Leistungsbeurteilung ist jedoch die aus diversen Anlässen durchgeführte explizite Beurteilung schriftlicher, mündlicher oder praktischer Leistungen. Lehrerausbildung in der Schule beinhaltet in der Regel alle drei Aspekte.

Der Leistungsbegriff

Der Begriff der Leistung scheint dabei im Alltagsverständnis recht unverfänglich zu sein, ist es bei näherer Betrachtung jedoch nicht. Gängige Lexika geben eine Vielzahl unterschiedlicher Definitionen des Leistungsbegriffes aus physikalischer, juristischer oder ökonomischer Sicht. Der pädagogische Leistungsbegriff ist ebenso vielschichtig. Essentiell bleibt jedoch festzustellen, dass Leistung immer durch gezeigte Fähigkeiten und Fertigkeiten (Kompetenzen) eines Individuums in Bezug auf eine Norm definiert wird.

Sacher (2005: 274) definiert Leistung als den „Vollzug und das Ergebnis einer Tätigkeit, die mit Anstrengung verbunden, auf die Erlangung eines Ziels gerichtet und auf Gütemaßstäbe und Anforderungen gerichtet ist."

4.2 Funktionen von Leistungsbeurteilungen

Leistungsbeurteilungen sind sehr komplexe Kommunikationsanlässe. Je nachdem zu welchem Zweck sie primär durchgeführt werden, lassen sich unterschiedliche Funktionen benennen (vgl. Haß 2006: 269).

Die diagnostische Funktion

Leistungsbeurteilungen auf der Basis konkreter Leistungsermittlungen sind immer auch Leistungsdiagnosen. Das heißt, auf der Basis des ermittelten und beurteilten aktuellen Leistungsstandes können Ziele und Wege der weiteren Kompetenzentwicklung ermittelt und beschrieben werden.

Die informatorische Funktion

Jede Leistungsbeurteilung gibt nicht nur dem Beurteiler, sondern auch dem Beurteilten Rückmeldungen zum aktuellen Leistungsstand. Deshalb ist es wichtig, Beurteilungen immer offen und transparent durchzuführen.

Die selektive Funktion

Leistungsbeurteilungen dienen immer auch der Selektion von Individuen einer Gruppe entsprechend ihrer Leistungsmerkmale. Dies z. B. ist eine der Grundfunktionen des Systems Schule in unserer Gesellschaft (vgl. Kapitel 3.2.5).
Da die derzeit vom Mentor durchgeführten Leistungsbeurteilungen in der Regel für das Bestehen universitärer Bildungsabschlüsse nicht relevant sind, haben diese Beurteilungen also auch keinen selektiven Charakter. Ob dies allerdings mit Blick auf die große Aussagekraft der Praktika über das berufsrelevante praktische Handlungswissen bzw. über die Fähigkeiten und Fertigkeiten des angehenden Lehrers in Zukunft so bleiben sollte, bleibt kritisch zu hinterfragen. Eine engere Zusammenarbeit zwischen Universität/Hochschule und Ausbildungsschule wäre in vielerlei Hinsicht der Ausbildungsqualität des Berufsnachwuchses förderlich.
Für die Beurteilung des Referendars stellt sich die Situation etwas anders dar. Hier ist die Beurteilung durch den Mentor durchaus relevant für die berufliche Fortentwicklung des künftigen Lehrers.

4.3 Bezugsnormen von Leistungsbeurteilungen

Um Leistung und Leistungsentwicklung einschätzen zu können, muss, wie im Abschnitt 4.1 dargelegt, immer eine Norm definiert werden, zu der die konkret erbrachte Leistung (Performance) in Beziehung gesetzt werden kann. In der Regel lassen sich hierbei drei unterschiedliche Bezugsnormen unterscheiden (vgl. Haß 2006: 268): die kriteriale, die soziale und die individuelle Bezugsnorm.

Die kriteriale Bezugsnorm

Die kriteriale Bezugsnorm einer Leistungsbeurteilung besteht aus festgelegten Richtlinien bzw. Standards, in denen beschrieben ist, wie die zu erbringende Leistung aussehen müsste. Die tatsächlich erbrachte Leistung wird dann zu diesen Standardbeschreibungen in Relation gesetzt und in ihrem Erfüllungsgrad beschrieben respektive beurteilt. Für den Bereich der Lehrerbildung würde das bedeuten, dass es für die unterschiedlichen praktischen Ausbildungsphasen standardisierte Kompetenzbeschreibungen geben müsste, die als Grundlage einer kriterial orientierten Leistungsbeurteilung dienen könnten. Solche Standardbeschreibungen gibt es nur für das Ende der Lehrerausbildung (vgl. KMK: 2004). Für die Leistungsbeurteilung des Praktikanten durch den Mentor für die unterschiedlichen Zwischenstufen steht eine offizielle kriteriale Norm nicht zur Verfügung.

Die soziale Bezugsnorm

Eine weitere Möglichkeit ist es, die von dem einzelnen Individuum erbrachte Leistung in Bezug zu der von anderen Individuen in einer vergleichbaren Situation erbrachten Leistungen zu setzen. Bei der Anwendung dieser sozialen Bezugsnorm z. B. in einer Schulklasse wird angenommen, dass die einzelnen Leistungen einer Streubreite gemäß der Gauß'schen Kurve der Normalverteilung unterliegen. Die Anwendung der sozialen Bezugsnorm setzt jedoch voraus, dass die Leistungen einer sozialen Gruppe durch ein und dieselbe Person oder Institution beurteilt werden. Dies ist in der Konstellation Mentor – Mentee jedoch nicht der Fall, da dem Mentor die Leistungen der vergleichbaren anderen Praktikanten nicht offenbar werden. Auch diese Bezugsnorm fällt also als Grundlage der Leistungsbeurteilung des Praktikanten aus.

Die individuelle Bezugsnorm

Die förderlichste Bezugsnorm ist das lernende und sich entwickelnde Individuum selbst. Bei dieser Leistungsbeurteilung wird die erbrachte Leistung zu einer früher erbrachten Leistung derselben Person in Beziehung gesetzt. Die Leistungsbeurteilung sagt also aus, inwieweit Lernfortschritte gemacht wurden. Diese Form der Leistungsbeurteilung ist in den praktischen Phasen der Lehrerausbildung anwendbar. Voraussetzung dafür ist, dass zu Beginn und zum Ende des Praktikums eine Leistungsbeurteilung durchgeführt wird. Eine weitere Beurteilung während des Praktikums wäre eine nutzbringende Ergänzung, da die diagnostizierten Stärken und Defizite dann noch besser als lernprozesssteuernde Hinweise an den Praktikanten zurückgemeldet werden können. Es empfiehlt sich, die gezeigten Leistungen anhand transparent dargestellter Leistungskriterien zu ermitteln.

4.4 Leistungsermittlung

Grundlage einer expliziten Leistungsbeurteilung ist also in der Regel eine durchgeführte Leistungsermittlung. Unter Leistungsermittlung ist dabei das Feststellen der vorhandenen Fähigkeiten und Fertigkeiten zu einem festgelegten Zeitpunkt oder während einer festgelegten Zeitspanne zu verstehen (vgl. Haß 2006: 271). Dies kann sowohl durch Beobachtung oder punktuell in Form eines Tests erfolgen. Generell gibt es dabei eine Reihe von Kriterien, die Rückschlüsse auf die Qualität von Leistungsermittlungen zulassen. (vgl. auch Kapitel 2.3: Empirische Sozialforschung).

Gütekriterium 1: Gültigkeit (Validität)
Aus der Sicht des Kriteriums der Gültigkeit hat eine Leistungsermittlung dann eine hohe Qualität, wenn sie wirklich nur das misst, was sie zu messen vorgibt. Die Bestimmung der Validität von Leistungsermittlungsinstrumenten stellt einen komplexen Prozess dar, der im Rahmen der Arbeit des einzelnen Mentors nicht zu leisten ist. Wichtig ist jedoch, sich immer der geringen (Allgemein)Gültigkeit der eigenen Leistungsermittlung in Bezug auf den Praktikanten bewusst zu sein.

Gütekriterium 2: Zuverlässigkeit (Reliabilität)
Ähnlich verhält es sich mit dem Gütekriterium der Zuverlässigkeit. Leistungsermittlungen sind dann zuverlässig, wenn unterschiedliche Beurteiler gleichwertige Leistungen auch gleich messen. Auch dies trifft für die Leistungsermittlung durch den Mentor nur sehr eingeschränkt zu, da in der Regel ja nicht bekannt wird, wie andere Beurteiler die Leistung des Praktikanten / Referendars gemessen hätten.

Gütekriterium 3: Objektivität
Nicht anders verhält es sich mit dem dritten Gütekriterium, der Objektivität. Objektiv ist eine Leistungsermittlung nur dann, wenn die Durchführung, die Auswertung und die Interpretation der Ergebnisse unabhängig von subjektiven Einflüssen des Beurteilten und des Beurteilers sind. Die Beurteilung des Mentors ist natürlich sehr subjektiv.

Es bleibt also festzustellen, dass die Ermittlung und Beurteilung der Leistung des Praktikanten / Referendars durch den Mentor wenig gültig, zuverlässig und objektiv ist. Dies ist im besonderen Kontext der Beurteilungssituation natürlich auch gar nicht anders möglich. Der Mentor sollte sich jedoch der Relativität und Subjektivität der eigenen Leistungsbeurteilung stets bewusst sein.

Beobachtungs- und Einschätzungsbögen

Aus pragmatischer Sicht empfiehlt sich für die Ermittlung des aktuellen Leistungs-standes des Praktikanten / Referendars die gezielte Beobachtung als Form der Leis-tungsermittlung (vgl. Kapitel 2.3.3: Beobachtung).
Als Instrument der Beobachtung empfiehlt sich ein Beobachtungsbogen. Auf Seite 148–151 (und der CD-ROM) finden sich praxiserprobte Beispiele solcher Beobach-tungsbögen. Die Aspekte und Kriterien der Beobachtung sind je nach vermutetem Ausbildungsstand des Praktikanten verschieden und können leicht an die ganz kon-kreten Situationen und Schwerpunkte angepasst werden. In den vorgeschlagenen Mustern nimmt die Erwartung an die durch den Praktikanten / Referendar zu er-bringende Leistung und somit auch die Komplexität der Bögen mit fortschreitender Ausbildungsdauer zu.

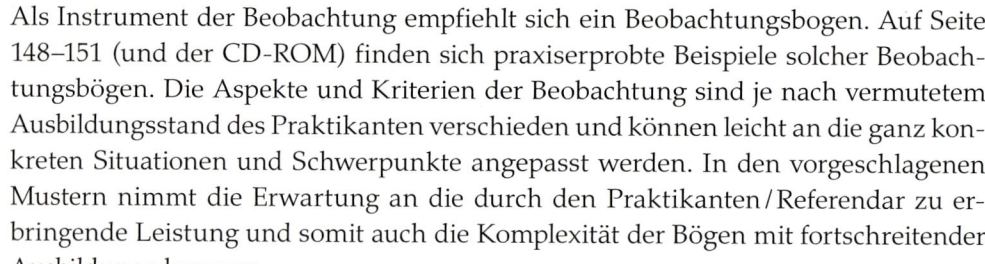

Das erste Beurteilungsraster (Seite 161 f.) ist für Praktikanten in bildungswissen-schaftlich orientierten Schulpraktischen Studien (SPS) vorgesehen (zur Struktur der Praktika vgl. Kapitel 1.6). Hier geht es, den Zielen dieser ersten SPS gemäß, zunächst um eine Beurteilung, ob und in welchem Maße der Praktikant über wesentliche be-rufsrelevante Persönlichkeitsmerkmale im Bereich der Selbst- und Sozialkompetenz verfügt. Im Bereich der Sachkompetenz gilt es zunächst einzuschätzen, inwieweit der Praktikant in der Lage ist, die erlebte Praxis vor dem Hintergrund des bis dahin an der Universität erworbenen Theoriewissens zu reflektieren. Besondere Stärken und Schwächen sollten als entwicklungsfördernde Hinweise explizit vermerkt wer-den.

Das zweite Beurteilungsraster (Seite 163 ff.) ist für Praktikanten in fachdidaktisch orientierten Schulpraktischen Studien anzuwenden. Naturgemäß ist hier beson-ders der Bereich der einzuschätzenden Sachkompetenz erweitert. Dieser setzt sich zusammen aus pädagogischen, fachlichen und (fach)didaktischen Kompetenzen. Weitere, der Spezifik des jeweiligen Faches geschuldete Aspekte lassen sich ergän-zen.

Das dritte Beurteilungsraster (Seite 166 ff.) kann als Grundlage für die Einschät-zung der Leistungen eines Referendars dienen. Hier ist der Bereich der Sozialkom-petenz erweitert worden, da der Personenkreis, mit dem der Referendar in Interakti-on- und Kommunikationsprozesse treten muss, ein größerer ist als bei Praktikanten während der universitären Ausbildung. Auch der Bereich der Sachkompetenz ist noch einmal erweitert dargestellt und enthält im Wesentlichen die Kriterien, die auch bei einem fertig ausgebildeten Lehrer zu beurteilen wären.

4.5 Selbsteinschätzung und Fremdeinschätzung

Ausgehend von der Annahme, dass erwachsene Lerner ein hohes Maß an Eigenverantwortlichkeit und Selbststeuerung in ihre Lernprozesse einbringen, ist der Selbsteinschätzung des Mentee besondere Aufmerksamkeit zu widmen. Ideal wäre, wenn die Sicht des Mentee und des Mentors auf die erbrachte Leistung sich ergänzten. Dazu bedürfen beide Einschätzungen einer gemeinsamen, vergleichbaren Grundlage. Es empfiehlt sich deshalb, die Aspekte der Fremdeinschätzung (also z. B. die Beobachtungsbögen S. 148–151) dem Praktikanten / Referendar transparent zu machen, so dass in einem Auswertungsgespräch zunächst der zu Beurteilende sich selbst beurteilt, dann der Mentor seine Beurteilung abgibt und danach beide Beurteilungen in Beziehung zueinander diskutiert werden. Den Abschluss des Gespräches sollten immer das Feststellen der Entwicklungspotenziale und das Aufstellen eines (von beiden Seiten akzeptierten) konkreten Zielkatalogs sein (vgl. auch Kapitel 3.1.2 Beratungsgespräch).

4.6 Praktika auswerten

Praktische Ausbildungsphasen lassen sich in unterschiedlicher Form auswerten. Zumindest sollte ein abschließendes Auswertungsgespräch stattfinden. Eine schriftliche Beurteilung kann, auch wenn sie nicht formell vorgeschrieben ist, dem Mentee wertvolle Hinweise für die weitere Entwicklung geben. Häufig wird schriftlichen Beurteilungen mehr Gewicht beigemessen als nur mündlichem Feedback.

Das Auswertungsgespräch

Zum Abschluss des Praktikums ist ein resümierendes Auswertungsgespräch mindestens genauso wichtig wie ein diagnostisch orientiertes Gespräch am Anfang. Es muss dabei nicht unidirektional stattfinden. Wie im Kapitel 3 Beratung bereits geschrieben, ist Beratung immer ein bilateraler Prozess. Auch für den Mentor als reflektierenden Praktiker kann das qualifizierte Feedback des Mentee aufschluss- und hilfreich sein. Ein mögliches Instrument dafür kann der Feedbackbogen auf den Seiten 170–172 sein. Kriterien sind zum einen die bereits bekannten Aspekte der Selbst- und Sozialkompetenz und zum anderen im Bereich der Sachkompetenz die Kriterien, die die Qualität der Tätigkeit als Mentor (Betreuung, Beratung, Beurteilung) beschreiben.

Grundsätzlich gilt es natürlich, allgemeine Feedback-Regeln zu beachten:

– **Das Feedback sollte erbeten sein.**
– **Eine positive Grundhaltung der Betroffenen ist anzustreben.**
– **Das Feedback muss auf veränderbare Verhaltensweisen bezogen sein.**
– **Es muss konkret und präzise beschreiben (Geschehen – Reaktion – Verhaltensweisen).**
– **Feedback ist am wirksamsten, wenn es unmittelbar in Verbindung mit dem auslösenden Verhalten gegeben wird.**
– **Es sollte angemessen sein (ehrlich, aber taktvoll).**
– **Ein Feedback ist stets subjektiv, dessen sollten sich Feedback-Gebende und Feedback-Empfangende bewusst sein.**
– **Der Feedback-Empfangende sollte zuhören und in Ruhe verarbeiten (evtl. nachfragen), aber nicht sofort argumentieren und sich verteidigen.**

Das Praktikumsportfolio

Ein Praktikumsportfolio kann ein Instrument der Dokumentation der Kompetenzentwicklung des künftigen Lehrers sein. Im ureigentlichen Wortsinn ist ein Portfolio eine strukturierte Sammlung von Dokumenten und Belegen unterschiedlicher Art. Diese Materialien stellen somit eine vom Lerner selbst zusammengestellte Lernbiografie dar, die auch dem Mentor wertvolle Hinweise zu Lernentwicklung und Kompetenzstand des Praktikanten geben kann.

Das schriftliche Gutachten

Sollte ein schriftliches Gutachten gefordert oder erbeten werden, so bilden auch hierfür die Kriterien der Beurteilungsraster ein hilfreiches Gerüst.

Arbeitsblatt 1 von 2 ■

29. Beurteilungsraster Bildungswissenschaftliches Praktikum

29. Beurteilungsraster für die Einschätzung eines Studenten im Bildungswissenschaftlichen Praktikum

5 = übertrifft die Anforderungen im besonderen Maße
4 = übertrifft die Anforderungen
3 = entspricht den Anforderungen
2 = entspricht kaum den Anforderungen
1 = entspricht nicht den Anforderungen

Selbstkompetenz	**5**	**4**	**3**	**2**	**1**
Entwicklungsbereitschaft					
Aktivität, Engagement					
Eigenständigkeit					
Zuverlässigkeit					
…					
Berufsrelevante Aspekte der Persönlichkeit	5	4	3	2	1
Vorbildwirkung					
Auftreten – Sicherheit					
Motivation					
Flexibilität					
Belastbarkeit					
Lehrersprache					
Zeitmanagement					
…					
besonderes Leistungspotenzial					
Entwicklungspotenzial					

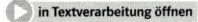 in Textverarbeitung öffnen

29. Beurteilungsraster Bildungswissenschaftliches Praktikum _____ Arbeitsblatt 2 von 2 ■

Sozialkompetenz	5	4	3	2	1
Beziehungsaufbau zu Lehrkräften					
Beziehungsaufbau zu Schülern					
Kooperation mit Lehrkräften					
Kooperation mit Schülern					
Kommunikation mit Lehrern					
Kommunikation mit Schülern					
…					
besonderes Leistungspotenzial					
Entwicklungspotenzial					

Sachkompetenz	5	4	3	2	1
Reflexion von Schülerverhalten					
Reflexion von Lehrerverhalten					
Reflexion von Konflikten					
Reflexion von außerunterrichtlichen Aktivitäten					
Reflexion von Schulentwicklung					
Reflexion der Unterrichtsplanung					
Reflexion der Durchführung von Unterricht					
Reflexion der Unterrichtsevaluation					
…					
besonderes Leistungspotenzial					
Entwicklungspotenzial					

Arbeitsblätter: Schulpädagogik
Lehrerausbildung in der Schule

30. Beurteilungsraster für die Einschätzung eines Studenten im Fachdidaktischen Praktikum

5 = übertrifft die Anforderungen im besonderen Maße
4 = übertrifft die Anforderungen
3 = entspricht den Anforderungen
2 = entspricht kaum den Anforderungen
1 = entspricht nicht den Anforderungen

Selbstkompetenz	**5**	**4**	**3**	**2**	**1**
Entwicklungsbereitschaft					
Aktivität, Engagement					
Eigenständigkeit					
Zuverlässigkeit					
…					
Berufsrelevante Aspekte der Persönlichkeit	5	4	3	2	1
Vorbildwirkung					
Auftreten – Sicherheit					
Motivation					
Flexibilität					
Belastbarkeit					
Lehrersprache					
Zeitmanagement					
…					
besonderes Leistungspotenzial					
Entwicklungspotenzial					

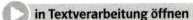 in Textverarbeitung öffnen

 © Ernst Klett Verlag GmbH, Stuttgart 2008. Alle Rechte vorbehalten. ISBN 978-3-12-924458-6

Arbeitsblätter: Schulpädagogik
Lehrerausbildung in der Schule

30. Beurteilungsraster Fachdidaktisches Praktikum _____ Arbeitsblatt 2 von 3 ■

Sozialkompetenz	5	4	3	2	1
Beziehungsaufbau zu Lehrkräften					
Beziehungsaufbau zu Schülern					
Kooperation mit Lehrkräften					
Kooperation mit Schülern					
Kommunikation mit Lehrern					
Kommunikation mit Schülern					
…					
besonderes Leistungspotenzial					
Entwicklungspotenzial					

Sachkompetenz	5	4	3	2	1
Pädagogische Kompetenzen	5	4	3	2	1
Reflexion von Schülerverhalten					
Steuerung von Schülerverhalten					
Reflexion von Lehrerverhalten					
Reflexion von Konflikten					
Konfliktlösung					
Kenntnis schulorganisatorischer Regelungen					
Reflexion von außerunterrichtlichen Aktivitäten					
Reflexion von Schulentwicklung					
…					

30. Beurteilungsraster Fachdidaktisches Praktikum _____ Arbeitsblatt 3 von 3 ■

Fachliche und didaktische Kompetenzen	5	4	3	2	1
Sachwissen in den Lernbereichen					
Analyse und Strukturierung von Inhalten					
Berücksichtigung von fachwissenschaftlichen Methoden in der Unterrichtsgestaltung					
Vermittlung von fachwissenschaftlichen Methoden					
Festlegung von Lernzielen					
Formulierung komplexer Problemstellungen					
Diagnose der Lernausgangslage der Schüler					
zeitliche Planung des Unterrichtsablaufs					
Planung des Methodeneinsatzes					
Planung des Medieneinsatzes					
Planung der Lernerfolgskontrollen					
zielorientierte Steuerung von Lehr- und Lernprozessen					
zielgerichtete Umsetzung der methodischen Planung					
kompetenter Medieneinsatz					
angemessene Lernerfolgskontrollen					
Reflexion und Auswertung des Unterrichts					
...					
besonderes Leistungspotenzial					
Entwicklungspotenzial					

31. Beurteilungsraster für die Einschätzung eines Referendars

5 = übertrifft die Anforderungen im besonderen Maße
4 = übertrifft die Anforderungen
3 = entspricht den Anforderungen
2 = entspricht kaum den Anforderungen
1 = entspricht nicht den Anforderungen

Selbstkompetenz	**5**	**4**	**3**	**2**	**1**
Entwicklungsbereitschaft					
Aktivität, Engagement					
Eigenständigkeit					
Zuverlässigkeit					
…					
Berufsrelevante Aspekte der Persönlichkeit	5	4	3	2	1
Vorbildwirkung					
Auftreten – Sicherheit					
Führungsverhalten					
Motivation					
Flexibilität					
Belastbarkeit					
Lehrersprache					
Zeitmanagement					
…					
besonderes Leistungspotenzial					
Entwicklungspotenzial					

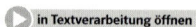

in Textverarbeitung öffnen

31. Beurteilungsraster für den Referendar _____

Sozialkompetenz	5	4	3	2	1
Beziehungsaufbau zu Vorgesetzten					
Beziehungsaufbau zu Lehrkräften					
Beziehungsaufbau zu Schülern					
Beziehungsaufbau zu Eltern					
Kooperation mit Vorgesetzten					
Kooperation mit Lehrkräften					
Kooperation mit Schülern					
Kooperation mit Eltern					
Kommunikation mit Vorgesetzten					
Kommunikation mit Lehrern					
Kommunikation mit Schülern					
Kommunikation mit Eltern					
…					
besonderes Leistungspotenzial					
Entwicklungspotenzial					

Arbeitsblätter: Schulpädagogik
Lehrerausbildung in der Schule

31. Beurteilungsraster für den Referendar

Sachkompetenz	5	4	3	2	1
Pädagogische Kompetenzen	5	4	3	2	1
Reflexion von Schülerverhalten					
Steuerung von Schülerverhalten					
Reflexion von Lehrerverhalten					
Reflexion von Konflikten					
Konfliktlösung					
Beratung mit Eltern					
Umsetzung schulorganisatorischer Regelungen					
Reflexion von außerunterrichtlichen Aktivitäten					
Planung und Durchführung außerunterrichtlicher Aktivitäten					
Reflexion von Schulentwicklung					
Einbringen in Schulentwicklung					
...					

Arbeitsblätter: Schulpädagogik
Lehrerausbildung in der Schule

170

31. Beurteilungsraster für den Referendar _____

Fachliche und didaktische Kompetenzen	5	4	3		
Sachwissen in den Lernbereichen					
Analyse und Strukturierung von Inhalten					
Berücksichtigung von fachwissenschaftlichen Methoden in der Unterrichtsgestaltung					
Vermittlung von fachwissenschaftlichen Methoden					
Festlegung von Lernzielen (lang-, mittel- und kurzfristig)					
Formulierung komplexer Problemstellungen					
Diagnose der Lernausgangslage der Schüler					
zeitliche Planung des Unterrichts (lang-, mittel- und kurzfristig)					
Planung des Methodeneinsatzes					
Planung des Medieneinsatzes					
Planung der Lernerfolgskontrollen					
zielorientierte Steuerung von Lehr- und Lernprozessen					
zielgerichtete und flexible Umsetzung der methodischen Planung					
kompetenter Medieneinsatz					
angemessene Lernerfolgskontrollen					
Differenzierung und individuelle Förderung im Unterricht					
Umgang mit sozialer und kultureller Heterogenität					
Reflexion und Auswertung des Unterrichts					
…					
besonderes Leistungspotenzial					
Entwicklungspotenzial					

32. Feedback für den Mentor

5 = übertrifft die Anforderungen im besonderen Maße
4 = übertrifft die Anforderungen
3 = entspricht den Anforderungen
2 = entspricht kaum den Anforderungen
1 = entspricht nicht den Anforderungen

Selbstkompetenz	5	4	3	2	1
Entwicklungsbereitschaft					
Aktivität, Engagement					
Eigenständigkeit					
Zuverlässigkeit					
…					
Berufsrelevante Aspekte der Persönlichkeit	5	4	3	2	1
Vorbildwirkung					
Auftreten – Sicherheit					
Führungsverhalten					
Motivation					
Flexibilität					
Belastbarkeit					
Lehrersprache					
Zeitmanagement					
…					

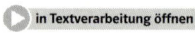 in Textverarbeitung öffnen

 Klett © Ernst Klett Verlag GmbH, Stuttgart 2008.
Alle Rechte vorbehalten. ISBN 978-3-12-924458-6

Arbeitsblätter: Schulpädagogik
Lehrerausbildung in der Schule

45

32. Feedback für den Mentor _____ Arbeitsblatt 2 von 3 ■

Sozialkompetenz	5	4	3	2	1
Beziehungsaufbau zum Praktikanten					
Beziehungsaufbau zu Vorgesetzten					
Beziehungsaufbau zu Lehrkräften					
Beziehungsaufbau zu Schülern					
Beziehungsaufbau zu Eltern					
Kooperation mit dem Praktikanten					
Kooperation mit Vorgesetzten					
Kooperation mit Lehrkräften					
Kooperation mit Schülern					
Kooperation mit Eltern					
Kommunikation mit dem Praktikanten					
Kommunikation mit Vorgesetzten					
Kommunikation mit Lehrern					
Kommunikation mit Schülern					
Kommunikation mit Eltern					
…					
Sachkompetenz	**5**	**4**	**3**	**2**	**1**
Betreuen	5	4	3	2	1
Kontaktaufnahme und Vorgespräche					
Einführung in die formellen Rahmenbedingungen der Praktikumsschule					
Einführung in die informellen Rahmenbedingungen der Praktikumsschule					
Bereitstellung des Lernfeldes					
…					

Arbeitsblätter: Schulpädagogik
Lehrerausbildung in der Schule

32. Feedback für den Mentor

Beraten	5	4	3	2	1
Beratung zu Sozialisation, Entwicklung und Erziehung					
Beratung zu Lerntheorien					
Beratung zu Didaktik					
Beratung zu Kommunikation					
Beratung zu unterrichtlichen Situationen					
Beratung zu außerunterrichtlichen Situationen					
Gestaltung der Beratung					
…					
Beurteilen	5	4	3	2	1
Transparenz der Leistungserwartung					
Transparenz der Beurteilungskriterien					
Transparenz der Leistungsmessung					
Transparenz der Leistungsbeurteilung					
…					

Praktikumsfeedback

■ Weiterführende Literatur:

Sacher, Werner: Überprüfung und Beurteilung von Schülerleistungen. In: Apel, Hans, Jürgen / Sacher, Werner (Hrsg.): Studienbuch Schulpädagogik. Bad Heilbrunn 2005, S. 274–297.

Haß, Frank (Hrsg.): Fachdidaktik Englisch. Tradition – Innovation – Praxis. Stuttgart 2006.

5 Der Mentor als Innovator

Der Mentor kann durch die gemeinsame Arbeit mit dem Praktikanten für seine Lehrertätigkeit neue Anregungen gewinnen. Diese neuen Erkenntnisse und Ideen müssen aber das gesamte Kollegium einer Schule erreichen, um eine umfassende Wirkung in der Schul- und Unterrichtsentwicklung erzielen zu können. Daraus leitet sich die Rolle des Mentors als Innovator ab.

Für diese besondere Aufgabe gibt es bisher keine formalisierten Vorgehensweisen und Ablaufschemata, wie dieser Prozess gezielt befördert werden kann. Deshalb muss der Mentor in den Schulen eine geeignete Plattform finden, um die neuen Anregungen aus der Zusammenarbeit mit dem Praktikanten ins Kollegium kommunizieren zu können.

Für diese Art der Kommunikation bieten sich unter anderem folgende Anlässe an:
– Gemeinsame Besprechungen der Mentoren mit der Schulleitung – damit erfolgt die Sensibilisierung der Schulleitung für diese Problematik.
– Erläuterung der neuen Ideen auf einer gemeinsamen Dienstberatung oder Fachkonferenz
– Durchführung einer Schulinternen Fortbildung (SchilF) zu neuen Anregungen aus den Ergebnissen der Forschungsprojekte durch die Praktikanten oder den Mentor (vgl. Kapitel 2.3 Empirische Sozialforschung)

„Pädagogische Tage" zur besonderen Problematik der Lehrerbildung an der Schule (vgl. CD-ROM PPT)

Die Problematik „Lehrerbildung an der Schule" ist eine gemeinschaftliche Aufgabe des Kollegiums und betrifft alle. Aus diesem Grund kann eine **„Zukunftswerkstatt"** an einem Pädagogischen Tag durchgeführt werden. Damit wird das gesamte Kollegium für diese Problematik aufgeschlossen und ein gemeinsamer Handlungsrahmen für diese besondere Herausforderung vereinbart.

Die folgende Ablaufstruktur kann als Leitfaden zur Initiierung eines solchen komplexen und aufwändigen Vorgehens dienen:

Durch die Methode „Zukunftswerkstatt" soll die schöpferische Fantasie des Menschen in die reale Umgebung, hier die Schule, eingebracht werden. Es ist eine Methode, bei der die Teilnehmer (Lehrer) eine Vision oder ein Szenario für eine wünschenswerte Zukunft entwerfen.

Die Chancen bestehen in der Verbindung von rationaler Problembewältigung und spielerisch-künstlerischen Lösungen. Die angesprochenen Probleme werden strukturiert angegangen und kreative Lösungen durch die Teilnehmer entwickelt.

Bei der Durchführung muss die besondere Zeitstruktur dieser Methode beachtet werden. Deshalb eignen sich besonders Pädagogische Tage an den Schulen zur Durchführung. Der Erfolg ist nicht immer garantiert. Wenn aber die folgenden Anmerkungen beachtet werden, sollten keine Probleme bei der Umsetzung entstehen. Allerdings müssen den Teilnehmern die klare Struktur des Ablaufs und die Regeln für die gemeinsame Zusammenarbeit im Vorfeld der Zukunftswerkstatt transparent gemacht worden sein.

Ablaufstruktur:
Während der **Vorbereitungsphase** wird ein Thema für die Zukunftswerkstatt festgelegt und in Form einer Problemfrage formuliert:

„Wie können wir durch unsere Tätigkeit in der schulischen Lehrerausbildung Innovationen und Schulentwicklungsprozesse in unserer Schule voranbringen?"

Im Anschluss daran wird die **Kritikphase** durchgeführt. Hier wird gemeinsam erarbeitet, welche Problemfelder im schulischen Alltag existieren, weshalb es nicht weitergehen soll wie bisher. Dabei können die Teilnehmer im Plenum „Dampf ablassen". Für diese Phase eignet sich besonders ein „Brainstorming" mit anschließendem Clustern wichtiger Kritikpunkte.

Daran schließt sich die **Fantasiephase** an. Die Teilnehmer teilen sich in verschiedene Gruppen auf und entwerfen dort Szenarien oder Visionen über eine wünschenswerte Zukunft schulischer Entwicklung. Die fixierten Kritikpunkte werden in dieser Phase vollständig vernachlässigt. Die Ergebnisse dieser Arbeitsphase können in Form einer Collage, Wandzeitung oder o. Ä. aufbereitet und im Anschluss präsentiert werden.

Die **Verwirklichungsphase** schließt sich an die Präsentation der Ergebnisse an. Jetzt wird durch die Gruppen ein realisierbarer Aktionsplan für die Schule entworfen, um die entwickelten wünschenswerten Ziele zu erreichen und umzusetzen. Dieser Plan sollte eine konkrete Zeitplanung mit einzelnen Aktionsschritten enthalten. Dieser Plan wird auf einer besonderen Präsentationsfläche visualisiert und allen Teilnehmern vorgestellt.

Abschließend folgt die **Nachbereitungsphase.** Dabei werden die Präsentationen der Gruppenarbeitsergebnisse im Plenum diskutiert. Es werden dabei wieder Bezug zur Kritikphase hergestellt und wesentliche Ergebnisse anhand der Fragestellungen analysiert:
Was habe ich Neues erfahren?
Was muss verändert werden?
Was können wir ändern?

Am Ende der Zukunftswerkstatt wird durch das Kollegium ein gemeinsamer Aktionsplan entworfen und dessen Verbindlichkeit für die Schule fixiert. Dieser Plan kann im Schulprogramm oder auch zur öffentlichkeitswirksamen Werbung verwendet werden.

Es ist zu erwarten, dass durch die gemeinsame kreative Arbeit an der Problematik der Schul- und Unterrichtsentwicklung durch Lehrerbildung in der Schule bei allen Teilnehmern ein Problembewusstsein für dieses besondere Thema entsteht. Außerdem wird das Bewusstsein für das enorme Potenzial und die Möglichkeiten, die sich aus einer gemeinsamen Kooperation mit einem Praktikanten / Referendar entwickeln können, geschärft. Der persönliche Mehrwert für den einzelnen Lehrer wird nochmals besonders hervorgehoben.

Literatur

Atteslander, Peter: Methoden der empirischen Sozialforschung. Berlin 2003.

Aurin, Kurt: Beratung als pädagogische Aufgabe im Spannungsfeld zwischen pädagogischer und psychologischer Theorie und Praxis. In: Aurin, Kurt (Hrsg.): Beratung als pädagogische Aufgabe. Bad Heilbrunn 1984, S. 13–30.

Bachmair, Sabine et al.: Beraten will gelernt sein. Ein praktisches Lehrbuch für Anfänger und Fortgeschrittene. Weinheim 1999.

Bastian, Johannes / Combe, Arno / Langer, Roman: Feedbackmethoden. Erprobte Konzepte evaluierte Erfahrungen. Weinheim 2005.

Bauer, Joachim: Spiegelneurone. Nervenzellen für das intuitive Verstehen sowie für das Lehren und Lernen. In: Caspary, Ralf (Hrsg.): Lernen und Gehirn. Der Weg zu einer neuen Pädagogik. Freiburg 2006, S. 36–53.

Burkart, Roland: Kommunikationswissenschaft. Wien, Köln 2002.

Cohn, Ruth: Von der Psychoanalyse zur themenzentrierten Interaktion. Stuttgart 1975.

Daschner, Peter: Lehrerbildung und Schulentwicklung. Potenziale, Hindernisse und Entwicklungsspuren. In: Pädagogik 57 (2005) H. 7–8, S. 6–9.

Durkheim, Emil: Erziehung, Moral und Gesellschaft. Frankfurt a. M. 1984.

Edelmann, W.: Lernpsychologie. Weinheim 1995.

Ellgring, Heiner: Nonverbale Kommunikation. Einführung und Überblick. In: Rosenbusch, Heinz / Schober, Otto (Hrsg.): Körpersprache und Pädagogik. Baltmannsweiler 2004, S. 7–68.

Fend, Helmut: Gesellschaftliche Bedingungen schulischer Sozialisation. Soziologie der Schule I. Weinheim 1974.

Fend, Helmut: Theorie der Schule. München 1981.

Fischer, Dietlind: Was machen Mentoren. Zur Einführung in das Thema „Mentoring". In: journal für lehrerinnen- und lehrerbildung 3 (2003), H. 4, S. 4–7.

Friedrich, Jürgen: Methoden empirischer Sozialforschung. Opladen 1985.

Fritzler, Marc / Unser, Günther: Die Europäische Union. Bonn 2001.

Gehmlich, Volker: ECTS in Deutschland: Wo stehen wir? In: DUZsepcial Juli 2003, S. 28–29.

Geißler, Rainer: Sozialstruktur. In: Schäfers, Bernhard / Zapf, Wolfgang: Handwörterbuch zur Gesellschaft Deutschlands. Opladen 1998, S. 642–652.

Gimbal, Anke: Europarat. In: Weidenfeld, Werner / Wessels, Wolfgang (Hrsg.): Europa von A bis Z. Taschenbuch der europäischen Integration. Bonn 2002, S. 202–206.

Glumpler, Edith / Wildt, Johannes: Das Berufspraktische Halbjahr im Lehramtsstudium. Ein Modellvorhaben zu Integration von 1. und 2. Lehrerbildungsphase. In: Zeitschrift für Erziehungswissenschaft 1999, S. 19-32.

Grewe, Norbert: Der Beratungsalltag des Lehrers. Anlässe – Erfahrungen – Hilfen. In: Pädagogik 57 (2005), H. 6, S. 10–13.

Gudjons, Herbert: Didaktik zum Anfassen. Lehrer / in – Persönlichkeit und lebendiger Unterricht. Bad Heilbrunn 2003.

Gudjons, Herbert: Ich bin doch kein Psychologe. Beraten als Grundfunktion des Lehrerberufes. In: Pädagogik 57 (2005), H. 6, S. 6–9.

Gukenbiehl, Herrmann L.: Bildung und Bildungssystem. In Schäfers, Bernhard / Zapf, Wolfgang: Handwörterbuch zur Gesellschaft Deutschlands. Opladen 1998, S. 85–100.

Haß, Frank (Hrsg.): Fachdidaktik Englisch. Tradition – Innovation – Praxis. Stuttgart 2006.

Haug, Arthur: Schule als Sozialisationsinstanz. In: Bovet, Gislinde / Huwendiek, Volker (Hrsg.): Leitfaden Schulpraxis. Pädagogik und Psychologie für den Lehrerberuf. Berlin 2004, S. 519–538.

Heidemann, Rudolf: Körpersprache im Unterricht. Ein Ratgeber für Lehrende. Wiebelsheim 2003.

Hendriks, Birger / Müller-Solger, Herrmann: Der Bologna-Prozess „bottom up" und „top down". In: DUZsepcial Juli 2003, S. 6–8.

Hinz, Renate: Was ist Didaktik? In: Kiper, Hanna / Meyer, Hilbert / Topsch, Wilhelm (Hrsg.): Einführung in die Schulpädagogik. Berlin 2002, S. 52–63.

Hochschulrektorenkonferenz (Hrsg.): Bologna-Reader. Texte und Hilfestellungen zur Umsetzung der Ziele des Bologna-Prozesses an deutschen Hochschulen. Beiträge zur Hochschulpoltik 08 / 2004. Bonn 2005.

Hochschulrektorenkonferenz (Hrsg) (a): Diploma Supplement Funktion – Inhalte – Umsetzung. Beiträge zur Hochschulpolitik 04 / 2005. Bonn 2005.

Hochschulrektorenkonferenz (Hrsg.) (a): Empfehlung zur Zukunft der Lehrerbildung in den Hochschulen. Entschließung des 206. Plenums am 21.02.2006.

Hochschulrektorenkonferenz (Hrsg.): Statistische Daten zur Einführung von Bachelor- und Masterstudiengängen Sommersemester 2006. Statistisches zur Hochschulpolitik 1/2006. Bonn 2006.

Hurrelmann, Klaus: Einführung in die Sozialisationstheorie. Über den Zusammenhang von Sozialstaat und Persönlichkeit. Weinheim 1995.

Hurrelmann, Klaus: Lebensphase Jugend. Eine Einführung in die sozialwissenschaftliche Forschung. Weinheim 2004.

Kaiser, Constanze: Körpersprache der Schüler. Lautlose Mitteilungen erkennen, bewerten, reagieren. Neuwied, Kriftel, Berlin 1998.

Käpernick, Harry: Die Arbeit des Ausbildungslehrers. In: Die Scholle. Monatshefte für die Schule von heute 39 (1971), S. 588–595.

Köck, P.: Handbuch der Schulpädagogik für Studium – Praxis – Prüfung. Donauwörth, 2005.

Köck, Peter / Ott, Hanns: Wörterbuch für Erziehung und Unterricht. Donauwörth 2002.

Klement, Karl / Teml, Hubert: „Von der Besprechung zur Beratung …". In: Klement, Karl / Teml, Hubert (Hrsg.): Schulpraxis reflektieren: Wege zum forschenden Lernen in der Lehrerbildung. Innsbruck 1996, S. 109–118.

König, Eckhard / Bentler, Annette / Luchte, Katja: Pädagogische Beratung in unterschiedlichen Feldern. In: Pädagogische Rundschau 59 (2005), S. 119–128.

Krapp, Andreas / Weidenmann, Bernd (Hrsg.): Pädagogische Psychologie. Weinheim, Basel 2006.

Kretschmer, H. / Stary, J.: Schulpraktikum. Eine Orientierungshilfe zum Lernen und Lehren. Berlin 1998.

Kromrey, Helmut: Empirische Sozialforschung. Modelle und Methoden der standardisierten Datenerhebung und Datenauswertung. Stuttgart 2006.

Kultusministerkonferenz: 10 Thesen zur Bachelor- und Masterstruktur in Deutschland. Beschluss der Kultusministerkonferenz von 12.06.2003.

Kultusministerkonferenz (a): Eckpunkte für die gegenseitige Anerkennung von Bachelor-Masterabschlüssen in Studiengängen, mit denen die Bildungsvoraussetzungen für ein Lehramt vermittelt werden. Beschluss vom 02.06.2005.

Kultusministerkonferenz: Künftige Entwicklung der länder- und hochschulübergreifenden Qualitätssicherung in Deutschland. Beschluss vom 01.03.2002.

Kultusministerkonferenz: Ländergemeinsame Strukturvorgaben gemäß § 9 Abs. 2 HRG für die Akkreditierung von Bachelor- und Masterstudiengängen. Beschluss vom 22.09.2005.

Kultusministerkonferenz: Rahmenvorgaben für die Einführung von Leistungspunktsystemen und die Modularisierung von Studiengängen. Beschluss vom 22.10.2004.

Kultusministerkonferenz: Standards für die Lehrerbildung: Bildungswissenschaften. Bonn 16.12.2004.

Lefrancois, Guy R. Psychologie des Lernens. Berlin 1976.

Lissmann, Urban: Forschungsmethoden – ein Überblick. In: Wosnitza, Marold / Jäger, Reinhold S. (Hrsg.): Daten erfassen, auswerten und präsentieren – aber wie? Landau 1999, S. 5–42.

Meyer, H.: Türklinkendidaktik. Berlin 2005.

Meyer, H.: Unterrichtsmethoden. Bd.I / II. Berlin 2003.

Nyssen, Elke: Sozialisation in der Schule – Theoretische Ansätze, empirische Ergebnisse und gesellschaftliche Entwicklungen von Kindheit und Jugend. Skriptum zur Einführungsvorlesung in den Studienbereich C / Modul 1. Sommersemester 2004. http://www.uni-duisburg-essen.de / AG-schulpaedagogik / pdf / Skript_Einfuehrung_Nyssen_2006.pdf; 06.06.2008.

Peterßen, Wilhelm H.: Lehrbuch Allgemeine Didaktik. München 1996.

Peterßen, Wilhelm H.: Lehrbuch Allgemeine Didaktik. München 2001.

Pfitzer, Michael: Beratung und Profession. Beratung als professionelle Aufgabe von Lehrern. In: Apel, Hans Jürgen / Sacher, Werner (Hrsg.): Studienbuch Schupädagogik. Bad Heilbrunn 2005, S. 381–398.

Prorektorat für Lehre und Studium der Universität Leipzig (Hrsg.): Neue Wege in der Lehrerbildung. Das Leipziger Modell. Leipzig 06 / 2005.

Rechtien, Wolfgang: Beratung. Theorien, Modelle und Methoden. München 2004.

Roth, Gerhard: Möglichkeiten und Grenzen von Wissensvermittlung und Wissenserwerb. Erklärungsansätze aus Lernpsychologie und Hirnforschung. In: Caspary, Ralf (Hrsg.): Lernen und Gehirn. Der Weg zu einer neuen Pädagogik. Freiburg 2006.

Sacher, Werner: Überprüfung und Beurteilung von Schülerleistungen. In: Apel, Hans Jürgen / Sacher, Werner (Hrsg.): Studienbuch Schulpädagogik. Bad Heilbrunn 2005, S. 274–297.

Schnebel, Stefanie: Professionell beraten. Beratungskompetenz in der Schule. Weinheim 2007.

Schnell, Rainer / Hill, Paul B. / Esser, Elke: Methoden der empirischen Sozialforschung. München 1995.

Schnitzer, Klaus: Von Bologna nach Bergen. In: Leszcensky, Michael / Wolter, Andrä: Der Bologna-Prozess im Spiegel der HIS-Hochschulforschung. Hannover 2005, S. 1–10.

Schulz von Thun, Friedemann: Miteinander reden. Teil 1. Störungen und Klärungen. Allgemeine Psychologie der Kommunikation. Reinbek bei Hamburg 1996.

Schulz von Thun, Friedemann: Miteinander reden. Teil 2. Stile, Werte und Persönlichkeitsentwicklung. Differentielle Psychologie der Kommunikation. Reinbek bei Hamburg 1996.

Schwarzer, Christine / Posse, Norbert: Beratung im Handlungsfeld Schule. In: Pädagogische Rundschau 59 (2005), S. 139–151.

Sekretariat der Ständigen Konferenz der Kultusminister der Länder in der Bundesrepublik Deutschland / Bundesministerium für Bildung und Forschung: Realisierung der Ziele des Bologna-Prozesses. Nationaler Bericht 2004 für Deutschland von KMK und BMBF.

Sommer, Winfried: Erziehung oder Sozialisation. In:http://www.billes-gerhart. de / SkriptSozErz / SkriptErziehungssoziologie.htm; 15.08.2006.

Sommer (a), Winfried: Soziale Umfelder des Beziehungsgeschehens in der modernen Gesellschaft. In:http://www.billes-gerhart. de / SkriptSozErz / SkriptErziehungssoziologie.htm; 15.08.2006.

Spanhel, Dieter: Die Sprache des Lehrers – Grundformen des didaktischen Sprechens. Düsseldorf 1977.

Spitzer, Manfred: Lernen. Heidelberg 2003.

Spitzer, Manfred: Medizin für die Schule. Plädoyer für eine evidenzbasierte Pädagogik. In: Caspary, Ralf (Hrsg.): Lernen und Gehirn. Der Weg zu einer neuen Pädagogik. Freiburg 2006.

Tillmann, Klaus-Jürgen: Sozialisationstheorien. Eine Einführung in den Zusammenhang von Gesellschaft, Institution und Subjektwerdung. Reinbek 2006.

Topsch, Wilhelm: Grundwissen für Schulpraktikum und Unterricht. Weinheim 2004.

Universität Leipzig. Abschließender Entwurf der Studiendokumente. Rahmenordnung für Schulpraktische Studien. 12. Mai 2005.

Väisänen, Pertti: Gutes Mentoring im Lehrpraktikum von Studierenden. In: journal für lehrerinnen und lehrerbildung 3 (4) 2003, S. 17–22.

Weidenfeld, Werner (Hrsg.): Europa-Handbuch. Bonn 1999.

Watzlawick, Paul / Beavin, Janet H. / Jackson, Don D.: Menschliche Kommunikation – Formen, Störungen, Paradoxien. Bern 1969.

Wessels, Wolfgang: Das politische System der EU. In: Weidenfeld, Werner Europa-Handbuch. Bonn 2002, S. 329–347.

Wessels, Wolfgang / Diedrichs, Udo: Europäische Union. In: Weidenfeld, Werner / Wessels, Wolfgang: Europa von A–Z. Taschenbuch der europäischen Integration, Bonn 1995, S. 172–178.

Winkel, Sandra / Petermann, Franz / Petermann, Ulrike: Lernpsychologie. Paderborn 2006.

Witte, Johanna: Die deutsche Umsetzung des Bologna-Prozesses. In: Aus Politik und Zeitgeschichte 48 (2006), S. 21–27.

http://de.wikipedia.org / wiki / SoziometrieExperiment, 16.01.2008.

http://arbeitsblaetter.stangl-taller.at / KOMMUNIKATION / TZIRegeln.shtml.

Quellenverzeichnis

S. 19: Abbildung 3: Leipziger Modell der Lehramtsausbildung – Übersicht
vgl. Prorektorat für Lehre und Studium der Universität Leipzig (Hrsg.): Neue Wege in der Lehrerbildung.
Das Leipziger Modell. Leipzig 06/2005, S 7.

S. 23: Abbildung 5: Phasenmodell der Schulpraktischen Studien der Universität Leipzig
vgl. Universität Leipzig:. Abschließender Entwurf der Studiendokumente. Rahmenordnung Schulpraktische
Studien. Leipzig 12. Mai 2005.

S. 47. Abbildung 10: Befragung
Quelle: Atteslander, Peter: Methoden der empirischen Sozialforschung 1995, S. 159.

S. 50:Abbildung 11: Soziomatrix
Quelle: Friedrich, Jürgen: Methoden empirischer Sozialforschung. Opladen 1985, S. 261.

S. 51: Abbildung 12: Zielscheibensoziogramm
Quelle: Friedrich, Jürgen: Methoden empirischer Sozialforschung. Opladen 1985, S. 260.

S. 51: Abbildung 13: Soziogramm erweitert – Wahlen und Ablehnungen
Quelle: http://de.wikipedia.org/wiki/SoziometrieExperiment, 16.01.2008

S. 60: Abbildung 14: Beratungsgespräch in der Schule
Quelle: Schnebel, Stefanie: Professionell beraten. Beratungskompetenz in der Schule. Weinheim, S 142.

S. 72: Abbildung 15: Entwicklungsabschnitte
Quelle: Raithel, Jürgen/Dollinger, Bernd/Hörmann, Georg: Einführung in die Pädagogik. Begriffe –
Strömungen – Fachrichtungen. Wiesbaden 2007, S, 46.

S. 73: Abbildung 16: Ebenen der Sozialisation
Quelle: Hurrelmann, Klaus: Einführung in die Sozialisationstheorie. Über den Zusammenhang von
Sozialstruktur und Persönlichkeit. Weinheim 1995, S. 105.

S. 74: Abbildung 17: Phasen und Instanzen der Sozialisation:
Quelle: vgl. Raithel, Jürgen/Dollinger, Bernd/Hörmann, Georg: Einführung in die Pädagogik. Begriffe –
Strömungen – Fachrichtungen. Wiesbaden 2007, S. 62.

S. 76: Abbildung 18: Sozialisationsbedingungen der Familie
Quelle: Hurrelmann, Klaus: Einführung in die Sozialisationstheorie. Über den Zusammenhang von
Sozialstruktur und Persönlichkeit. Weinheim 1995, S. 137.

S. 78: Abbildung 19: Gesellschaftliche Funktionen des Bildungswesens
Quelle: Fend, Helmut: Theorie der Schule. München 1981, S. 17.

S. 80: Abbildung 20: Zusammenhang von Schulabschluss und sozialer Herkunft
Quelle: Hurrelmann, Klaus: Lernphase Jugend. Eine Einführung in die Quelle: Peter Köck: Handbuch der
Schulpädagogik. München 2005, S. 261.

S. 104: Abbildung 26: Gegenstandsfelder didaktischer Positionen
vgl. Peterßen W. H.: Lehrbuch Allgemeine Didaktik. München 2001, S. 25.

S. 105: Abbildung 27: Wissenschaftliche Positionen – Erkenntnisinteressen – Methoden (nach Habermas)
Quelle: Peterßen, W. H.: Lehrbuch Allgemeine Didaktik. München 2001, S. 28.

S. 108: Abbildung 28: Vorläufiges Perspektivenschema zur Unterrichtsplanung
Quelle: Peterßen W. H.: Lehrbuch Allgemeine Didaktik. München 1996, S. 115.

S. 110: Abbildung 29: Das Berliner Modell als Entscheidungsmodell
Quelle: Peterßen, W. H.: Lehrbuch Allgemeine Didaktik. München 2001, S. 54.

S. 115: Abbildung 30: Raster der Lehr- Lernintentionen
Quelle: Peterßen, W. H.: Lehrbuch Allgemeine Didaktik. München 2001, S. 49.

S. 116: Abbildung 31: Das Handlungsmodell des ´Hamburger Modells`
Quelle: Peterßen, W. H.: Lehrbuch Allgemeine Didaktik. München 2001, S. 64.

S. 121: Abbildung 32: Abhängigkeiten der Unterrichtsmethode
Quelle: Köck, Peter: Handbuch der Schulpädagogik. München 2005, S. 261.

S. 134: Abbildung 33: Verständigung
Quelle: Burkart, Roland: Kommunikationswissenschaft. Wien, Köln 2002, S. 60.

S. 139: Abbildung 38: Schema TZI
Quelle: Gudjons, Herbert: Didaktik zum Anfassen. Lehrer/in- Persönlichkeit und lebendiger Unterricht.
Bad Heilbrunn 2003, S. 82.